大是文化

說話的實力

원하는 것을 얻는 사람은 3마디로 말한다

長篇大論適得其反，

達成目的，

必須掌握省話三要。

韓國人際溝通權威，一年超過三百場演講

吳秀香──著

오수향

張鈺琦──譯

CONTENTS

第二章

以說話為本業的我，這樣準備

第三章

第二要，一個句子一個重點

第三要，說故事……139

第四章

第五章 這樣說話，職場最吃香……185

第六章

最該避免的對話習慣……225

推薦序

用對的方法、準備好才說，影響力遠大於只是口才好的人

出色溝通力學院總監／莊舒涵（卡姊）

我前陣子在印度尼西亞的峇里島（Bali）體驗四手按摩，兩位美容師將我的身體分成上下半段同時按，最後我特地請按摩上半部的美容師留下。屋裡剩我們時，我用九十秒跟她說了三件她做得很棒的事，以及我只有要給她小費。

你會如何表達這段話？「給小費」這件事先說還後說？什麼事不

需要特別加註？怎麼說到她會更謝謝我對她說這段鼓勵的話，甚至影響她持續這份工作的熱情？

而這本書就會教你在表達上要展現專業，但別滿口專業；以及避免自己講得很開心，但聽者卻完全不感興趣。

如果你在工作或生活中有這些需求，或時常在表達、溝通上卡關，本書將讓你知道未來如何調整表述方式。

書中的三個論述會為你帶來很大助益：

1. 從向上溝通的工作彙報、提案、爭取資源；向下分配、指示工作；面對顧客推銷產品或觀點理念，到錄製節目等，講重點的方式有哪些，面對不同目的、對象時，講述內容的先後順序該怎麼呈現。

2. 十五秒和一分鐘說話術，要怎麼在開口十五秒就讓對方對你的論述感到興趣，又如何利用一分鐘將話表述完整且極具說服力。

3. 和不同性格的對象做溝通或簡報時，他們要取得的資訊完全不同，因此若能先辨識對方性格為何，就能知道用什麼口氣、怎麼講重點和對方溝通。

《說話的實力》還有很多實用的內容，但我遵循三的原則，就像我用九十秒對美容師說：「我在臺灣曾是美容師訓練員，剛才妳的技術服務都很到位且專業，所以我只有給妳小費。

「因為妳有三件事做得非常好（實際上有七件）：第一，顧客能清楚感受到按摩師的手只是在走流程，還是用心想為顧客放鬆身體，而妳很聚焦在顧客身上。第二，妳洗完手後，特地先將手搓熱才按摩顧客，而非以冰冷的手讓顧客感到不舒服。最後，妳的衣服沒有碰觸到顧客光溜溜的身體，這一點很少美容師會留意，相較於那位幫我按摩下半身的同事，她沒有注意到這些。」

這段話運用了作者提到的表達方式——話短、講重點以及說故事。我在隔天則收到了那位美容師對我致謝的訊息。在開口前，我也先構思要講哪三點，以及怎麼開場，應用對的方法、準備好才說出口，影響力絕對遠大於只是口才好的人。

序言

三要説話法，一開口就動人

我們生在資訊與話語爆炸的年代。不論去哪裡或見什麼人，生活都無法脫離對話。更何況只要打開電視、收音機，就會有源源不絕的話不斷傳入耳內。不過，在這之中，有實效的話語卻不多。

什麼是**「有實效的話語」**？

就是只說重點，沒有贅述。大家不妨試著回想昨天與今日的對談，我們雖然每天都會聽到成千上萬個句子，但言簡意賅只傳達重點的話又有多少？相信並不多。

我們平時的對話乍聽之下好像沒問題，但仔細探究就會發現根本沒有重點。

當說話者以華麗的詞藻來包裝言語時，聽者雖然一時會被話術迷惑，卻始終無法掌握對方想傳達的訊息。

「所以他到底想表達什麼？雖然他滔滔不絕，但我不知道重點在哪裡。」

「重要的內容說得顛三倒四，怎麼會有這麼沒有邏輯的人？」

「他的每一句話聽起來好像都很有道理，但想記下來時卻覺得一團亂，到底該怎麼辦？」

相信大家都有過這樣的經驗，像是上課或聽演講；在公司裡聽上司或同事說話；做自我介紹和報告時；以及聽電視購物的主持人介紹商品等。不論是聽對方說話，或是說給對方聽，僅傳達重點的精練語言非常重要。

那些讓聽者摸不著頭緒的無聊話語，不僅會消耗說話者的精力，也讓聽者頭昏腦脹。

因此掌握要領，言簡意賅更顯重要。這樣不僅能減少說話者的能量耗損，也能讓聽者一下子就聽懂。果斷刪去不必要的內容，只說出重點，才能打動對方的心，最終獲得自己想要的。

該怎麼做才能說得精簡？最重要的就是整理頭緒。將自己想表達的東西一目瞭然的整理出來，才能在短時間內傳達給對方。

有些人會緊張得說不出話、胡言亂語或畫蛇添足，都是因為他們沒有釐清頭緒。未在腦海中模擬要講的具體內容，就一股腦兒胡說一通，只會使人無法理解你到底想傳遞什麼。

因此一定要養成習慣，把自己要說的話寫下來整理好，再說出口。為了幫助讀者順利表達，書中將詳細介紹我整理的**「三要說話法」，簡單來說，就是要簡短、要講重點及要說故事**，詳細方法放在後文解說。

美國前總統亞伯拉罕·林肯（Abraham Lincoln）、英國前首相溫斯頓·邱吉爾（Sir Winston Churchill）、美國前總統巴拉克·歐巴馬（Barack Obama）、蘋果公司聯合創始人之一史蒂夫·賈伯斯（Steve Jobs）以及韓國現代集團創始人鄭周永等，這些在歷史上取得驚人成功的人物，他們的話語中都有一個祕密，就是善用「三字法則」。在他們面臨人生轉捩點的決定性瞬間，都有句能以三個字囊括的名言。

當然，並不是所有的話語都能精簡成三個字，但是如果你想要徹頭徹尾改變生活，三要說話法能發揮驚人的效果。這是因為三這個數字本身就具有獨特的魔法。

說到這裡，大家可能會有一個疑惑，為什麼非得是三？一般而言，在辯論中能發揮最好效果的分段原則，就是緒論、本論與結論。而在闡述本論時，通常也會列舉一、二、三點來加以說明。至於一般撰寫文章時，則秉持起承轉合四段結構。

而在敘述最重要的內容時，則通常分為兩大類、四大類或五大類等。但三才是真理。因為它同時象徵著完成、安定與簡潔。因此，不論是辯論或寫論文，內容都應整理成三部分為佳。

這同時也適用於對話上。使用三要說話法，以最簡短的話來傳達最關鍵的重點內容，對話將變得無懈可擊。

我們先來看僅使用三個詞就能感動無數人的話語：

- BTS製作人房時爀：「我沒有夢想。」（저는 꿈이 없습니다.）
- 美國體育用品公司Nike廣告詞：「做就對了。」（Just Do It.）
- 美國前總統比爾．柯林頓（Bill Clinton）：「笨蛋，問題在經濟。」

（It's the economy, stupid.）

一手打造韓國團體BTS的房時爀，在韓國首爾大學的畢業典禮中，只用一句話就吸引在場所有人的注意。這句話不同於我們已經聽到耳朵長繭的成功經驗談，因此成為了話題。

雖然沒有夢想，卻不安於現狀，因此全力以赴。這個直白又誠懇的話，反而打動大眾的心，也讓所有人對房時爀的毒舌改觀（按：因他在二〇一〇年MBC選秀節目《偉大的誕生》裡擔任評審，經常對參賽者說出辛辣的評價，進而讓韓國人對他產生毒舌的印象）。這就是一個絕佳的例子，可以看出雖然只是一句陳述，卻因為掌握重點而發揮更強烈的效果。

Nike也是如此，廣告標語只用了三個字，就讓銷售上漲四〇％。

在一九九二年美國總統選舉時，由於當時美國經濟不景氣，柯林頓便以這句口號贏得壓倒性勝利，成功當選總統。

這是日新月異的時代，我們會面臨無數需要說話的時刻與場合，要怎麼說，才能遊刃有餘得到自己想要的？只要利用三要說話法，就能讓你在最短時間內傳達重點的訊息，進而達成心願，也能讓你在眾人中脫穎而出。不論是職場或是人際關係上，都能輕鬆得到你自己想要的。

當你掌握了「三」的關鍵，一切都將改變。

第 1 章

第一要，話短，再笨的人也能懂

1

世上獲得最多掌聲的演講，只有兩句

「那些滔滔不絕的人，都很會說話。」

這是我在對話法諮商時，經常聽到的話。在此，我要果斷的告訴大家這個想法大錯特錯。

一般而言，大家都認為在大眾面前演講時，應該要口若懸河，才能展現出個人魅力。這是個誤會，絕對不是這樣。不論是大型演講或是其他需要開口的場合，「短小精練」的話語，都比滔滔不絕更能發揮作用。這世界上獲得最多掌聲的演講僅有兩句話而已。

就是美國前總統德懷特・艾森豪（Dwight D. Eisenhower）在退休後的一場演講中說的：「**任何演講都會有句點，我就作為今晚演講的句點好了**。」

其實，這麼精練的演說反而需要更長的準備時間。起草美國獨立運動宣言的政治家湯瑪斯・傑佛遜（Thomas Jefferson）曾說過：「三分鐘的演講需要準備三個星期，十分鐘的演講須準備一週，而一小時的演講則馬上就能開始。」

不僅如此，美國脫口秀大王賴瑞・金（Larry King）曾經這麼解釋知名的演講：「偉大的演說家，都把梳理過的語言作為共同遵守的原則，也就是ＫＩＳＳ『Keep it Simple, Stupid』（**話說得簡潔，讓再笨的人都能懂**）。」

我們需要與人對話的場合相當多樣。像是在日常生活中想得到某些東西，主管指示部屬、銷售員向顧客推銷商品、發表者站上講臺、電視購物導購人員錄製節目、政治人物在大眾面前講話等。這時，重要的是「如何好好傳達重點」。如果做不到精簡表達、直指核心，便沒辦法獲得真心想要的事物，任何情況皆是如此。

知名韓國料理主廚白種元在二〇一八年出席國政監察時曾說：

「**雖然很抱歉，但該淘汰的就得淘汰。**」

曾經有位國會議員對白種元提出質疑，表示白種元在《白種元的巷弄食堂》節目上，引導店家成功的案例看起來相當戲劇性，是否會帶給自營業者不切實際的幻想？對此，白種元僅用一句話來果斷表達他的意志：「**如果沒有充分的準備與努力，就不應開始做生意**」。

反之，某些人雖有好口才，卻因沒能傳達重點主旨而遭遇問題。例如，前不久來找我諮商的某行銷公司的總裁。

這位總裁在學生時期曾擔任學生會長，很喜歡在群眾面前說話，非常巧言善辯，但如今他面臨最大的困難卻是員工教育訓練。他表示和職員溝通有問題，職員也不遵守他下達的指示。

這位總裁一開口就停不下來，只要開了話頭就會喋喋不休講上好幾分鐘，完全不考慮對方。他的確很會說話，但問題也非常明顯。

於是，我建議：「您的口才很好，絕不會輸任何人。但有些情況下，這個優點反而會成為問題。例如在公司內的對話或是下達指示時，應該盡可能避免說太多。話多只會降低聆聽者的注意力，言簡意賅才能使他們專注並執行。」

與人對話最重要的是傳達想法，滔滔不絕反而會失焦。因此如果認為自己很能說且非常善於表達，那就不好了，話少才是最上策。

大家不妨想想，如果一位銷售員在你面前說了好幾分鐘，卻對你的反應置之不理，這時你的心情如何？你真的會將那位銷售員的話聽進去嗎？我想應該是像耳邊風一樣左耳進右耳出吧。

那麼，這世界最成功的銷售員又是怎麼說話的？

金氏世界紀錄最偉大的汽車銷售王喬・吉拉德（Joe Girard）其實患有口吃，他不僅說話不流暢，甚至要把一句話說好都很困難。但他因口吃，所以會避免長篇大論，反而會盡量將話說得精簡：「**傾聽顧客的話，然後簡潔的說明。**」

2 最經典的廣告，只有三個字

羅馬時期軍事統帥尤利烏斯．凱撒（Julius Caesar）說：「我來，我見，我征服！」

他在征服小亞細亞後，給元老院（按：古羅馬的審議團體、立法機關，掌握統治權、否決權，擁有批准、認可、起草法案，批准當選的最高官吏，管理財務、內政、外交、軍事等權利，為現代上議院的雛形）去信，短短三句話，充分顯現出他不可一世的氣焰與自信。當時正值元老院對凱撒充滿懷疑與不滿，虎視眈眈的策劃謀殺凱撒，但元老院卻因為這三句話的戰報而舉手投降。

凱撒這三句話的威力有如數千名勇猛無敵的戰士。而實際上，越是精練的話越能發揮數千名軍隊以上的威力。

「寸鐵殺人」就是最佳力證，指僅一寸的鐵就能致人於死，同時也有以簡單的話來感動人或是直指要害之意。這句話首見於宋朝書籍《鶴林玉露》中，讓我們一起來看看書中描寫的一個場面。

一位禪師說道：「譬如人載一車兵器，弄了一件，又取出一件來弄，便不是殺人手段。我則只有一寸長的短兵器即可以殺人。」

禪師在這裡所說的殺人，指改變人心，意思是短短一句話就能使人頓悟。所謂頓悟，不需要天花亂墜的詞彙，而僅需一句短語。

在商業場合也是一樣，許多企業在推廣新品時，總習慣使用大量詞彙。為了能多賣一個商品、徹底擊敗競品，因此用很多話來包裝宣傳。但其實想真正打動顧客，不需要太多言語。

下面我們來看聞名世界的經典廣告詞，只要三個字，就能打動顧客的心。

- Nike：「做就對了。」（Just Do It.）
- 美國穀物品牌 Wheaties：「冠軍的早餐。」（Breakfast of Champions.）
- 鑽石公司戴比爾斯（De Beers）：「鑽石恆久遠，一顆永流傳。」（Diamonds Are Forever.）
- 全球租車品牌艾維士（AVIS）：「我們會更努力。」（We Try Harder.）

能享譽全球的廣告幾乎都在二到四個字間。如 NIKE 這個標語就讓年營收增加四〇%，而 Wheaties、戴比爾斯以及艾維士，也都用簡短的廣告金句，就讓消費者打開荷包，成長為世界知名的企業。

不只廣告，簡短一句話在演講中一樣能發揮強大作用。一九九二年，美國總統選舉，當時雖然還沒開票結束，但全美的氣氛就跟已塵埃落定般。原因無他，當時民主黨候選人比爾．柯林頓推出的口號，「笨蛋，問題在經濟」，已經深深打動全美國國民的心。

當時美國正陷入經濟不景氣的惶恐中，這三個字讓美國國民瞬間認為柯林頓就是他們現在最需要的總統，也讓柯林頓擊敗當時的總統布希，在四十六歲就當選總統。

一九九六年時，世界知名女總裁，同時也是前惠普公司董事長卡莉．費奧莉娜（Carly Fiorina）站在投資者面前進行說明會時，最令投資者動容的就是演說的最後三個字，不僅讓全場起身鼓掌，更同時允諾巨額投資。

「請持續關注我們！」（Watch us now!）

3

說話不要用書面體

要如何做才能言簡意賅？請看下列例子：

- 「在國內電子產品業界引領一流企業多年的我，擁有遠勝於眾人的產品開發眼光。在本人的判斷下，決定於此次創設新的事業團隊。因此我們公司……。」
- 「近來，全世界經濟百業蕭條使得身為戰略企劃部負責人的我感受到莫大的負擔，我躬體力行、鍥而不捨以謀求企劃部大規模的革新，如此……。」

這都是大家經常在職場裡聽到的話，常見於主管層在會議中對部屬。我稱其為書面體或文章用語，共同點是生硬且充滿教條感，無法感受到說話者的溫度。

不過我認識的非常多企業要員，卻都認為這種口吻是理所當然。「這樣聽起來顯得有威嚴又莊重，難道要跟職員們用話家常一樣的口氣說話？」

這明顯是天大的誤會。如果不想和職員們溝通，大可繼續使用書面體，但這樣的說話方式無法讓聽者心生好感，反而疏遠了彼此的距離。因此，如果公司不想放棄和任何一位員工溝通的機會，就該盡量減少這種說話口氣。不只是業務關係，日常生活中也是如此。

充滿書面體的文章會讓人來不及消化，因此聽起來就會像在唸國文課本般，既死板又無聊。

只蘊含三句重點的說話法則，就能讓你完全擺脫這些不必要的艱澀語彙。

如果說話的目的是溝通，就該盡量口語。這樣才能使每位聽者都能毫無遺漏的聽清楚討論內容。因此前文的例子，最好能改成像下列的用詞：

- 「這幾年，我一直在國內電子產品業界帶領一流團隊，培養產品開發的眼光。這次在我的判斷下，決定創設新的事業團隊。因此我們公司……。」
- 「近來，全世界經濟不景氣。我身為戰略企劃部負責人，也感受到很大的壓力。為了能讓企劃部同心協力度過這個危機……。」

在第一段話中，將「多年間」換成「這幾年」；「此次」修改成「這次」。除此之外，由於書面體常把主詞放在後面，且用一長串句子來修飾，所以修改時，把主詞往前移並分成兩段說明，用詞要像平常說話一樣。

就第二個情況，先將文謅謅的「百業蕭條」改成大家耳熟能詳的「不景氣」。此外，像這樣以事物為主詞的語句，其實是翻譯語氣，講起來並不自然，因此最好修改。將「我」提出當主詞重新構句，才能說得比較順暢。還有，最好將長句修改成兩個短句，最後拿掉不常用的「躬體力行」、「謀求」等詞語。

你希望說的話能夠得到回應？想要面試成功、發表得到認可或者提案拿下高額的合約？大膽放棄文謅謅的語言。同時，請記住下列三點將書面體轉化為口語的訣竅：

1. 將修飾型長句與翻譯語氣的句子，轉變成以人為主詞。

在大學期間累積了多年研習經驗的我……→我在大學期間曾累積多年研習經驗。

2. 將日常生活中不常用的成語，換成簡單易懂的詞彙。

憂心如焚→很擔心。

焚膏繼晷→整晚。

古往今來→從以前到現在。

3. 禁止書面體。

我將「以」無限熱情→我將「用」無限熱情。

「憑藉著」努力→「憑著」努力。

此行「之」目的→這次「的」目的。

光是這樣小小的變化，就能讓句子變得短小精練，更能深入聽者的心。

有不少人會下意識使用書面體，而且可能沒意識到這樣說話，會在人際溝通上造成障礙，但更嚴重的是在面試或在職場中濫用，導致自己喪失競爭力，而這樣的情況並不少見。

不論擁有多麼出眾的能力，如果個性孤僻且說話生硬，就很難讓人全方位認可一個人的能力。而我們在日常生活中使用的語言，也就是口語，則能提高傳達能力。大家不妨試著先將單字換成更常見的日常用字吧！

4 縮短主詞與敘述語的距離

- 「我雖然在學分和語言進修上有多處不足，卻還是憑藉著挑戰的精神報名了。」
- 「公司不因我們部門的業績不佳而灰心，反而為了讓我們適應新環境提供支援。」

這是在面試或在公司內部很常聽到的話。雖然語法上沒有問題，但需要「用力」才有辦法理解，讓我們將主語與敘述語拆解來看。

第一段話中的主語是「我」，敘述語是「報名」；第二段話主語是「公司」，敘述語是「提供支援」；這兩句話的共同點是什麼？就是主語和敘述語隔得太遠。

以「我」、「公司」開始，中間插入了其他的話，最後才出現「報名了」、「提供支援」。像這樣主語和敘述語相隔太長的情況，很難立即掌握說話者想傳達的意思。

就第一段來說，關鍵在於呼應主語的敘述語，如果中間插入太多內容，反而會失去焦點，無法帶給人衝擊感。這段的重點應是：「我報名了」。

此外，原句中的「學分與語言進修多有不足」只是次要補充內容。因此，想要言簡意賅傳達意思，就應該盡量縮減主語與敘述語的間距。因此，建議可以修改如下：「雖然在學分和語言進修有多處不足，但憑藉著挑戰的精神，**我還是報名了**。」

第二段話也是如此。句子以「公司」開頭，含有呼應主語的敘述語，但在主語和敘述語之間，插入其他句子，「不因我們部門的業績不佳而灰心」，所以無法直接傳達重點。

重點應是：「公司提供資源」。

因此建議修改成：「我們部門的業績不佳，但為了讓我們適應新環境，**公司提供了支援**。」

主語和敘述語的間隔縮短，能讓對方馬上抓住你想傳遞的想法，因為語言的重點就在主語和敘述語間。主語以及敘述語，都是言語中的精華，但當他們的距離過遠，容易產生兩個問題：第一，難以掌握主語。第二，難以確認說明主語的重點敘述語是什麼。

因此，平常應多加練習，縮短主語和敘述語的間隔，訓練自己把兩者連在一起。這樣才能讓你一說出口，對方便立刻知道意思。先將想說的話寫下來，修改後再練習也不失為一個好方法。

希望大家參考下列例句，試著找出主語和敘述語，並改短以縮短他們的距離，讓人能一眼看出重點。

- 「在野黨認為這次執政黨的新政策並不合理，儘管如此，還是為了迎合政府而積極支持這個政策。」→「即使認為這次執政黨的新政策並不合理，但為了迎合政府，在野黨還是積極支持這個政策。」
- 「準畢業生因為國內經濟不景氣，難以取得多樣化的就業相關資訊，面臨極大困難。」→「因為國內經濟不景氣，難以取得多樣化的就業相關資訊，準畢業生面臨極大困難。」

5 消滅形容詞與副詞

世界知名作家史蒂芬・金（Stephen King）說：「**通往地獄的道路是由副詞鋪成。**」

他的小說《麗塔・海華絲與蕭山克監獄的救贖》（*Rita Hayworth and Shawshank Redemption*）與《戰慄遊戲》（*Misery*）在全世界銷售破三億本，是現今最受歡迎的小說家。但這樣一位舉世聞名的大師，卻提醒大家應該要控制副詞的使用。他表示，為了使文章意思更加明確，讓大眾都能輕鬆閱讀，所以才不斷強調副詞不是大家的朋友。

副詞用來修飾形容詞、動詞與副詞。以英文來說就是「ly」結尾的單字，人們平時在對話中，常會無意識使用副詞。像是在說明狀況時，很常使用「端正得、迅速得、緊緊得、冷淡得」，還有表示強調時也常使用「非常、最、果然、相當」。

這些副詞在日常生活或職場對話中，有如調味料般常見。但世界級作家史蒂芬．金卻要我們節制使用。為什麼？因為**副詞在對話時非必要，它只是用來加強說明，所以拿掉也無妨**。

- 「那個職員端正得穿著正式套裝，參加行銷會議。」→「那個職員穿著套裝，參加行銷會議。」
- 「這次的事情將會帶給公司相當嚴重的打擊。」→「這次的事情將會帶給公司嚴重打擊。」

第一句的情況，穿著正式套裝去參加會議已經能說明態度，因此可以拿掉「端正得」；而第二句因為有「嚴重」這個詞，因此拿掉「相當」也無妨。**不影響原意的副詞，就可以省略**。

形容詞的功用和副詞相似。形容詞用於形容人與物的性質或狀態，例如「藍色的、華麗的、正直的、期許的、神速的、嚴重的」等，最好也只在必要時使用。使用最少且必須的形容詞，就像合宜的妝感，反之，使用過多，就像妝容過濃，反而帶來反效果。

不使用不必要的形容詞，能精簡表達所想的方法有二：表達具體化、以數字替代。

- 「作為一個努力認真的學生，我在學生時期……。」→「我在學生時期每學期都領全勤獎……。」
- 「今年，行銷部取得了很多的成果。」→「今年，行銷部創下了三十億元的佳績。」

就第一句而言，「努力認真的」聽起來很表面，無法帶給聽者任何確切印象，不如以實際經驗取代讓人容易理解。而第二句「很多的」更顯空泛，在職場或其他正式場合發表時必須嚴謹，因此建議以實際數字說明為佳。

擅長寫文章的人，像是書籍作家、專欄作家或講稿寫手等，他們的共同點就是慎用形容詞與副詞。因為只要有主詞、受詞與動詞，就能言簡意賅傳達意思了。

但是，我們在日常生活中習慣使用形容詞和副詞，能如何調整？請先試著寫下要說的話，而後將副詞與形容詞去除或替換成具體事件及數字。只要盡可能減少副詞和形容詞，語言就能越精練。

6 比喻，讓你的話中有畫

- 韓國演員李敬揆在〈二〇一三SBS演技大賞〉最優秀賞得獎感言說：「啊！一切都成了『泡泡』……身為永遠的大賞候選人，我會努力成為後輩們『屏風』般的存在。」
- 韓國製造公司 Yuhan Kimberly 的廣告臺詞：「樹木就是氧氣罐頭。」

上述是在韓國口耳相傳的得獎感言與廣告詞，他們的共同點為何？沒錯，就是比喻。在日常生活中，我們會聽到很多和比喻有關的話語，包含了明喻和隱喻，這同時也應證了比喻的效用。

在頒獎典禮上，得獎感言幾乎都是對得獎的感受，只有李敬揆在得到最優秀賞時，活用比喻贏得在座哄堂大笑，也在大家心中留下充滿人情味的印象。

李敬揆每年都被提名大賞，卻從未得獎，二〇一三年獲得優秀獎時，再次無緣大賞，因此將自己心中的酸澀昇華為幽默，並且讓得獎的晚輩們可以毫無心理負擔受獎。泡泡與屏風的比喻，每到年底就會再次被提及，可見大家對這句感言的印象之深，比喻的力量就是如此強大。

Yuhan Kimberly的廣告臺詞，靈感來自於吸收氧氣的樹木與密封罐頭相似。樹木吸收大氣中的二氧化碳後，並不會再排出，就像罐頭將食物完整密封一般。因此許多關心環境的人，無不感嘆樹木的空氣淨化機能。這個廣告從強調企業植樹開始以提升企業形象，罐頭這個比喻也發揮極大威力。

在日常生活中，比喻也常發揮極大的力量。像在演講時，以比喻來說明自己，能發揮畫龍點睛的功效。一般演講初學者會不斷介紹自己的歷史，例如：

「我小時候家境清寒，住在火車道旁邊的小村子，那時候好多戶共用衛浴，每天一早都會聽到火車鳴笛聲，所以我光聽聲音就能分辨是自強號還是區間車……。」

不少講者認為自己的人生經驗很有趣，因此很詳細的說明。但老實說，沒有多少聽眾會認真聽下去，這是因為有太多講者都會講述自己曾經艱難的家庭史。

不過，如果在開頭就用比喻，先說一句：「我是鐵道旁窩棚的少女……。」來介紹自己，大家就會忍不住被吸引而專心聽講。如此一來在演講後，聽眾會記得講者，這就是比喻的力量。

「我是鐵道旁窩棚的少女……。」這句是把韓國童謠〈鐵道旁窩棚〉的歌詞，「我是鐵道旁窩棚的孩子」，「小孩」換成了「少女」。使用熟悉的童謠歌詞來抓住聽眾的耳朵，讓聽眾集中在說話者上，後面可以再補充一些故事來豐富內容。

在世界聞名的演說中，善用犀利又生動的比喻，以抓住大眾內心的例子比比皆是。

像英國前首相邱吉爾，他以獨有的比喻能力獲得諾貝爾文學獎，而他在一九四六年於美國富爾頓威斯敏斯特學院（Westminster College）的演講中，再次使用令人印象深刻的比喻——「現在歐洲從波羅的海邊的什切青，到亞得里亞海邊的的里雅斯特（按：Trieste，的里雅斯特為義大利東北部的一個港口城市），已經拉下一幅橫貫歐洲大陸的鐵幕。」他以鐵幕這個詞形容當時歐洲國家東西陣營對立，像銅牆鐵壁般無法打破的情況。

前英國首相柴契爾夫人（Margaret Thatcher）也曾以隱喻生動傳達對通貨膨脹的恐懼。她將這個抽象的詞，描述成「通貨膨脹是失業的父母，是使我們存款消失的小偷」使大家都能理解的實質概念，讓全國人民更貼切感受到通貨膨脹的可怕。

不需要過多，一個比喻就足夠，因為它會帶來畫龍點睛的效果。比喻就像是一把深入人心的利刃，人們就算忘記其他內容，也能記住你比喻的事物。

7 以一分鐘為單位的說話訓練

我對上班族說話訓練時，常會用一分鐘說話術。許多上班族因表達問題，在公司會議、報告及提案時，無法好好發揮實力，所以向我尋求幫助。面對這些前來求助的人，我就給他們這個功課：在一分鐘內表達自己的想法。這時他們都會說時間太短不夠用。

「只有一分鐘？時間太短了。」

這些人太小看一分鐘說話的威力，人在一分鐘之內能說三百到四百個單字。此外像是公司面試時，也很常要求應試者做一分鐘自我介紹。這是因為只要一分鐘，就足以完整傳達重點。讓我們看看下面自我介紹的例子。

「我是像史蒂夫．賈伯斯一樣的創意人才，可從以下三點來印證。第一，我對發明很感興趣……曾經在比賽中獲獎。第二，我擁有電腦程式設計執照，曾經……第三，我利用課餘時間參加讀書會，也參加……我相信若能加入貴公司的ＩＴ開發部門，就能發揮所長，幫助公司在ＩＴ領域的發展。」

這篇自我介紹很常見，像這樣一一列舉自己的優點，就不會浪費多餘的時間。不僅不會讓面試官覺得厭倦，還能一下子就了解應試者是否為公司所需要的人才。

像這樣的自我介紹很適合運用在商業活動，例如會議、發表與報告中。公司是一個眾多職員忙碌著處理各種事情的地方。尤其是管理階層，腦中總有無數個方案，也有很多急著要處理的業務。因此身為部屬，能體貼主管立場，精簡扼要的傳達訊息非常重要。

假設上司詢問職員目前的工作進度，那麼職員應該在一分鐘內將工作的情形彙報給上司，因此應在腦中整理過後簡單說明。如果職員無法在一分鐘內精準報告自己的工作情況，可能就會失焦，結果會導致上司無法集中而想到其他事情。

上司問職員看法時也是如此：「你覺得政府這次推出的不動產政策，對我們公司會造成什麼影響？」

員工該迅速構思並說明自己的想法。開頭先說明政策會對公司造成正面或負面的影響，然後舉兩到三個佐證簡短敘述，最後整理結論。舉例來說：

「我認為政府這次推出的不動產政策，對我們公司來說是正面影響。理由有三，第一……第二……第三……。因此我認為有助於提升我們公司的收益結構。」

像這樣列舉緣由來簡單說明自己的看法，不說一些繁雜且不必要的內容，反而有助於聽者抓住重點。就算今天說話的場合是吵雜歡樂的公司聚餐，相信上司也能清楚聽懂職員的表達。

像這樣**以一分鐘為單位的說話訓練是最基本**。有要領的將話整理清楚並徹底遵守時間，這需要反覆不斷訓練，才能不管面對誰都能有說服力並精確表達，得到自己想要的。

在日常生活中如何進行訓練？最好的道具就在你身旁，可以利用手機的錄音功能，不斷反覆練習說話並錄音計時。不管你想說的話有多麼多，但傳達重點卻不需要很長的時間。想要完整表達自己的意思，獲得自己想要的，只需要一分鐘就夠了。

第 2 章

以說話為本業的我，這樣準備

1 沒人有耐心聽你全部說完

人與人交往，最重要的就是第一印象。第一印象好，才會想繼續和那個人對話並維持關係。反之，就不會想再跟他見面與說話。這也被稱為「初始效應」（primacy effect），意思是最先接收到的資訊比後來的資訊更重要，又稱「先入為主效應」。

因此，不論跟誰見面都應努力創造好的第一印象。如果對方笑著，那麼至少看起來是不錯的反應。但接下來該怎麼說，又該說什麼？如果說得好，就能延續對方的好感；如果說不好，即使先前你已經給對方留下不錯的第一印象，好感度還是會急速下降。

首先，大家一定要記住，沒人會有耐心聽你說完全部的話。人在聽對方說話時，集中聽講約十五秒，如果有興趣才會繼續聽下去。反之，就會走神或分心，因為人都有著「認知吝嗇」（Cognitive Miser）的傾向。這是心理學者蘇珊・菲斯克（Susan Fiske）教授與雪莉・泰勒（Shelley E. Taylor）教授提出的詞彙，意思是人類在理解與接收訊息時，傾向於快速簡便的方式，而非複雜的過程。

因此說話時，尤其在許多人面前說話，**必須在前十五秒就吸引聽者，使其對我們要說的話抱持正面反應**。但很可惜的是很多人不曉得這一點，因此常被對方冷待。

某大企業出身的講師就是如此。他以二十多年的行銷經驗為背景，開始發展企業經營講座，曾獲邀前往公家機關、中小企業、中小型商業公會等演講。

但不到一個月，就沒人再邀請他了。後來才知道是因為自己演講口碑不佳，聽了我的演講後，他便前來找我求助，我給予他以下建議：「您很熟悉企業經營實戰經驗與技巧，我相信對企業人士與自營業者都很有幫助。對我來說，因為很多是第一次聽到的內容，因此有很大收穫。但缺點是開頭太冗長無趣了，只要過了這部分，其實後面可聽性很高。

「我們要在演講一開始就吸引聽眾的注意。因為來聽演講的人，都是恨不得將時間掰開使用的企業人士。他們內心都很焦躁，因此必須在十五秒內抓住他們的注意力。」

知道問題之後，他的演講果然越來越好，當然也因為他演講的內容精湛，不過最重要的還是能在開頭就抓住聽眾的心。

開場如此重要，很多人卻忽略了這點，這是因為說話的人只侷限在自己的立場。不論是對話或是演講，重點在於聽者，必須有聽者的關心，講者的話才能維持其生命力。如果聽者在想其他事情或開始玩起手機，就是說話者的責任。因為人沒有善良到聽對方全部說完才給評斷，聽者都相當挑剔，只聽十五秒就會做出判斷。

大家不妨想想有名的電視廣告，就能知道傳遞訊息並不需要很長的時間，時間越長反而會失焦。所以要在十五秒內傳達重點，才能抓住對方的心。

2 答案就在他的欲望中

「妳覺得哪位男性的背影帥氣？」

「妳認為哪一個不符合事業有成的上司模樣？」

以上問題是韓國楊森製藥公司（Janssen Korea）在推出酮康唑（Ketoconazole）抗屑藥品前做的問卷調查。一般有頭皮屑困擾的患者大多數是中老年男性，但這個問卷調查的對象卻是年輕女性。

為什麼？韓國楊森製藥表示，中老年男性相當在意年輕女性的看法。而公司為了反映出中老年男性的欲望，特別以年輕女性作為問卷調查對象，並以問卷結果來拍攝廣告，強調重點訊息：「年輕女性討厭有頭皮屑的男性。」

透過這一句簡短的重點訊息，讓酮康唑抗屑藥品大賣。

這是因為這家公司完全掌握了他們的消費族群，並將這個重點融入到廣告訊息中。如果這家公司沒找出消費族群真正在意的重點，只是對自己的產品老王賣瓜，就無法獲得這麼大的成功。

想精準說出重點，最重要的就是知道對方想要什麼。因為**是不是重點訊息由聽者決定**。因此，**重點訊息要站在對方立場來思考**，也就是所謂的換位思考。

換位思考這四個字雖然耳熟能詳，但很多人卻不知道具體的實行方法。首先，要了解他人的心意。美國社會心理學家約瑟夫・路夫特（Joseph Luft）和哈利・英格漢（Harry Ingham）提出「周哈里窗」

圖表 1 周哈里窗，將人格分成四個象限

	自己知道的訊息	自己不知道的訊息
他人知道的訊息	開放我（開放領域）	盲目我（盲目領域）
他人不知道的訊息	隱藏我（隱藏領域）	未知我（未知領域）

（Johari Window，見上方圖表1），指將人格特質分成四個象限。如果運用到溝通對話上，就能有效透過自己公開的訊息與接收到的回饋，來決定對話的成敗與深度。

- **開放我（開放領域）**

指自己和對方都知道的公開訊息。如姓名、地址與職業等公開資訊。公開的訊息足夠時，能使雙方在相互有好感的情況下開始溝通。

• 隱藏我（隱藏領域）

只有自己知道，但對方不知道的資訊。像是祕密、欲望、希望、性向、自卑感或失誤等，需要自己透露出來，才能達到理解與溝通的部分。

• 盲目我（盲目領域）

自己意識不到，但對方知道的資訊。像是自言自語、獨特行為及性格等，這個部分需要由對方回饋才能達成溝通。

• 未知我（未知領域）

指自己和對方都不知道的資訊。在這種情況下，無法順利達成溝通目的。

參考上述，想要做到真正的換位思考，就必須知道對方的隱藏領域，也就是被隱藏的欲望、祕密、失誤與希望等，才能和對方達成有效的溝通。如果不知道對方隱藏的訊息，也不想了解，溝通就無法成立。能讀出對方隱藏的欲望，才能達成真正有共鳴的溝通，並掌握吸引對方的重點話語。

讓我們回到前文提到的韓國楊森製藥的例子。以中老年客層為主要消費對象的酮康唑抗屑藥品能成功，是藉由換位思考，掌握重點。利用周哈里窗來說明，就是這個公司抓住了他們主要客層的欲望，即中老年男性希望能在年輕女性眼中看起來有魅力。

所以，欲望就是打開成功之門的鑰匙。想要一開口就深入人心，關鍵就在於對方隱藏的欲望。現在請你抬起頭看，站在你眼前的人，他想要的是什麼？

3

聽出對方的煩惱

業務：「最近天氣很熱，您還好嗎？」

客戶：「我其實不太怕熱，反而很怕冷。但老公因為經營小商店不順利，最近說要獨自去阿拉斯加創業，我真的非常擔心。」

業務：「看來您真的不怕熱！不過如果您不想和老公分開的話，就只能一起去外國了！」

這是一位業務和客戶的談話。乍聽之下，該業務懂得傾聽的重要性。所以他先以天氣問候，聽到客戶回答後，才發表自己的想法。

但這段對話卻很難延續下去。這一點大家只要站在該客戶的立場來想，就不難理解，聽到這位業務的回話，心情會如何？她的丈夫事業不順，打算去寒冷的阿拉斯加創業，本人正為此煩心不已。

業務竟回說，如果不想跟老公分開就得一起去。這句話在客戶耳中，聽起來會不會有點刺耳？怕冷的她，根本無法承受那裡的嚴寒。

因此，上面的例句就是一個無法準確掌握客戶心理的案例。這樣傾聽是消極的，在韓國又稱為「鸚鵡式傾聽」，若持續如此，最終客戶都會離開。

積極傾聽（active listening）才能得到客戶的心。這是指能站在講者的立場，理解講者的心情與心意。因此，積極的傾聽者，不僅要聽字面上的意思，還要讀出說話者的背景與隱藏在字裡行間的含意。

如果想將前述業務的對話，轉變成積極傾聽的反饋：「如果您不想和老公分開的話，就只能一起去外國了，但是您非常怕冷，現在一定很心煩吧！」

這句話蘊含著對客戶的擔憂。聽了客戶的話，不是像應酬般敷衍回答，而是擁抱對方的煩惱，這樣才能打開客戶的心房。

我們不妨透過拆解聽字，來探究傾聽的真正意義。聽字是「王耳」加上「十目」與「一心」。國王的耳朵通達四方，所以要注意聽，而十目指的是要仔細觀察，一心則是和聽者成為一體的心，可見傾聽絕不只是聽著而已。

善於積極傾聽的代表，當然就是麥克・安迪（Michael Ende）小說《默默》（*MOMO*）中的主角默默。默默在對抗時間大盜時，展現了她改變人心的能力，而她的這個能力正是「傾聽」，我們來看看書中的一段描述：

「她睜著黑溜溜的眼睛專注聽著，突然間，本來猶豫不決、不知該如何是好的人，彷彿知道自己想要什麼；而本來充滿畏懼、小心翼翼的人，突然感受到被解放般自由並變得勇敢。而平常總是覺得自己不幸的人，一下子變得正面且積極了。」

這些句子闡明了傾聽的魔法。默默只是積極傾聽，就使他們一百八十度大轉變，這樣的變化絕非天方夜譚。人體腦中的杏仁核（Amygdala），就是決定人們的情緒愉快與否的核心區域，如果它接收到善意，人們就會感到開心，反之感受到威脅，則會不愉快。根據心理學家的研究表示，傾聽是能讓杏仁核感受到友好的一個有效方法，也因此，專心聽對方說話，能讓對方心情變好。

享譽全球的知名脫口秀主持人賴瑞・金也強調傾聽的重要。他曾表示自己能成為成功的脫口秀主持人，最大的原因就是傾聽：「想成為偉大的說話者，就必須先成為擅長傾聽的人。**仔細聆聽對方的話，這樣輪到自己開口時才能好好應對。**」

4 頂尖業務的談話技巧

「想要傳遞重點，首先要了解顧客。假設現在向顧客推銷食物，那一定不能漏掉的重點是什麼？顧客當下最想要的食物。推薦覺得燥熱的顧客選擇冰涼的冷麵；建議飢腸轆轆的顧客來碗泡菜鍋加白飯。只要掌握客戶需求，自然就知道在對話時該說些什麼。所以我將顧客分成四種類型，然後依據顧客類型來完成對話。」

這是住在韓國鄉下的某一間汽車公司分店長說的話。他的汽車銷售紀錄每年都是全韓國第一。大家問他如何與顧客對話時，他回答自己根據「DISC行為模式理論」將顧客分成四種類型，包括掌控型（Dominance）、影響型（Influence）、穩定型（Steadiness）與分析型（Conscientiousness）。

DISC理論是美國心理學家威廉・莫爾頓・馬斯頓（William Moulton Marston）在一九二八年提出，後來許多生活導師以此為基礎進行顧客諮商，取得顯著效果。

我們在日常生活中，會接觸到形形色色的人並與他們對話。但每當遇見陌生人時，都會因為不知道該怎麼開口而顯得尷尬。「不知道那個人個性怎樣？」、「該怎麼說到那個人的心坎裡？」

其實世界上所有人的行為都能用DISC理論來分類，只要加以理解就能確實掌握，然後說出對方真正需要的話。接下來就讓我們仔細來看DISC行為模式下區分的四種類型。

•掌控型

自我意識強，行為動機是新挑戰。討厭不能主導情況或被控制。喜歡說話，為了取得成果說話。著重於「什麼」（What）。

掌控型說話特徵是經常說自己的事情、說話講求重點、個性急，常會打斷對方的話來表達自己的意思，會沒眼色的說一些讓對方有負擔的話。與這類人相處時，可以這樣表示：「有什麼想說的儘管說」、「重點就是……」。

•影響型

樂觀且以人為本導向，行為動機是社會認同。以現在的話來說，就是社交達人類型。忌諱被人排斥，在高壓環境下無法好好工作。喜歡說話，會為了得到認同而說。著重於「誰」（Who）。

其特徵是笑著說話、經常說自己的私事，肢體語言多，重視對話時的交流。和這類人對話的重點，要放在人上：「哈哈，你給人印象真好」、「昨天我家裡……」。

• 穩定型

偏好以穩定的方式工作，是團隊導向。行為動機是維持現況的安穩狀態、討厭不穩定與改變。與影響型相反，在現代社會屬於接近邊緣人性格，在團體中願意退讓成全別人。喜歡傾聽，能為了理解而傾聽。著重於「如何」（How）。

穩定型說話特徵是聲音小，一般都扮演聆聽的一方，肢體語言不多，而且不太會在言語上流露感情。對於這類型的人，可以這樣與他們對話：「我會仔細說清楚，你注意聽喔」、「我跟你說，最重要的方式是……」。

• 分析型

注意細節、善於分析，且是任務導向。行為動機為追求準確與品質。討厭別人批判自己做的事情，對高壓氛圍抱持批判的態度。喜歡傾聽，會為了分析而聽。著重於「為什麼」（Why）。

慎重分析型的人說話特徵是詢問勝過說話，特徵是語氣相當公事公辦。不論討論什麼都不能含糊其詞，重視正確的分析和比較。對於這類型的人，這樣說會更好：「有問題請提出來」、「我仔細蒐集了數據，現在從細部開始跟你說。」

不論是私下對話或是商務會談，都能參考這四個行為類型，並以此為基礎，根據對方的類型將話說到對方心坎上。例如對方是影響型，就可以試著丟出掌控型的目標導向或充滿挑戰的問題。因為對影響型來說，穩定型重視的團隊導向，或分析型在意的任務導向話題，都無法引發其興趣。

而對影響型來說，在和睦的氣氛下，大家笑著聊一些私事才能投其所好，其他類型也是如此。只要能掌握對方類型，說出符合對方性格的話，就能讓氣氛活躍，對話更有效。

5 人會被與自己相似的人吸引

「哇！你好像很喜歡 C 牌的包包！」
「是啊，我只用這個牌子。」
「我也是，我們喜好很相近，應該會很有話聊。」

這是和素昧平生的人聊天時常用的說話法。在不知道對方是什麼樣的人時，如果隨意說自己想說的話，就像是面著牆壁自言自語，根本無法期待對方的回應。**反之，如果能先知道對方是怎樣的人，藉此**

找出共同點來開啟話題，就能事半功倍。

人們會被與自己相似的人吸引，這就是「相似性吸引原則」（Principle of Similarity），又稱「相似性效應」（Similarity effect），由美國心理學家唐・伯納（Donn R. Byrne）提出，指人們會對與自己相似的人產生好感，且容易給出正向評價。當我們剛認識到一個人時，如果我們與他的出生地、畢業學校、職場、興趣、感興趣的事物、喜歡的音樂或食物上有共同點，則能快速建立親密感。

一般而言，與自己有共同點的人遭受負面評價時，自己也像遭受負面評價。所以如果面對與自己有共同點的人，則會因主觀與價值觀相符而給予正面評價，藉此維持對自己的正面評價。

為什麼會這樣？這是因為「認知失調論」（Cognitive Dissonance Theory）。這個理論由美國社會心理學家利昂・費斯廷格（Leon Festinger）提出，表示人類在面對信念、想法、態度與行動不協調時會覺得不舒服，而為了消除這個感覺，所產生的心理機制。

相似性效應相當強大。像是在擇用職員時，面試官會偏好與自己相似的面試者，而不自覺產生好感。若應試者的故鄉、母校、興趣、關心的事物與面試官相同，面試官會下意識給予更高評價。更有甚者，像男性面試官會傾向對男性應試者做出較高評價，白人面試官對白人面試者亦是如此。

某知名保險公司的理財專員曾以共同點展開對話。他在見客戶之前，一定會先蒐集客戶的資料。像是他們關心的事情、興趣、故鄉、學校及職場等，然後從中找到與自己的共同點。與客戶見面時，會以兩人的共同點來開啟話題。

這就是他獲得全韓國最佳業績的祕訣。對此他說：「大家不覺得面對朋友或兄弟姐妹時，都很容易達成協議嗎？要怎樣才能讓素昧平生的客戶像兄弟姐妹、朋友一樣？沒錯，只要找出和客戶的共同點，客戶就會跟面對朋友或兄弟姐妹一樣感到親切，才能把想傳達的訊息順利傳到對方心裡。」

假設你演講的主題是有關夫妻問題，這時，若向婦人提出這種開頭，能一舉拿下她的心：「我跟我家老公也沒什麼話好說。」

如果你要販賣保養品給皮膚不好的女性，那麼應該這樣說：「我之前皮膚也很粗糙，經常感到煩躁。但是用了這個產品……。」

6 語氣對了，傳達更到位

有些人總能將話說到對方心坎，除了因為他們比任何人都了解對方之外，還有什麼共同點？其實大家都知道答案，只是都不曾放在心上，那就是對方的語氣。

如果媽媽不讓孩子吃垃圾食品，那麼語帶威脅的說：「吃了這個，肚子會痛喔！」會更具效果。

不需要耗費口舌解釋垃圾食品的成分，說明為什麼吃了會對身體不好，或是說吃這個媽媽會生氣之類的話。只要一句話、用對語氣，就能順利傳達想法給孩子。

這個方法在業務推廣上特別有效，一位厲害的業務或是導購人員，會根據對象調整說話語氣。

舉例來說，有一名家電代理商的職員業績非常驚人，但他卻不像其他銷售員一樣硬背說明書上的所有資訊。不論是洗衣機、電視、微波爐、空氣清淨機、電腦等電子產品，都會有一張繁雜的使用說明書，如果逐條唸下來，誰會耐心聽完？

所以，他大膽將說明書內容轉化成自己的口吻。假如今天是長輩來購買電視，他開口：「這個電視使用方法非常簡單。而且堅固，不太會壞。如果壞掉，二十四小時內我們就會上門修理。」

如果是家庭主婦買洗衣機，他便說：「這臺洗衣機非常省電，就像手洗的一樣仔細乾淨，不需要預洗一次，而且它是超快速洗淨，如果有事急著外出時也很方便。」

還有一位電視購物導購員，每次開播販售商品都銷售一空。因為她就是家庭主婦，所以非常理解主婦們的立場，因此經常活用語氣。

販售一條抗皺材質的褲子時：「天啊！我穿這條褲子跟上幼稚園的兒子一起玩，起身後竟然沒有任何褶痕！」

她在販售護手霜時：「最近不知道怎麼搞的，手非常乾……大家應該跟我一樣吧！但是只要在洗碗後塗抹這條護手霜，我的手立刻變得光滑又滋潤。」

想讓對方聽進心坎裡，就應站在對方的立場，並調整自己的口吻，不只是商業現場，就連日常生活或是職場中的溝通也適用。

在職場上，很多人都煩惱過溝通問題，但是其實只要上司和職員對話時，語氣盡量平易近人，就像職員間平常說話般；而職員在和上司說話時，也盡量調整成較嚴謹的態度，就能輕鬆傳達彼此的意思，也不會因溝通不良而浪費彼此的時間和精力。

順帶一提，從口吻中還能察覺出對方對五感的敏銳度。人具有視覺、聽覺、味覺、觸覺與嗅覺等五感，而每個人五感發達感受不盡相同，但這些卻會在言語間不經意的流露出來。

像是常說「我好像看到……」的人是視覺敏銳；將「我好像聽到……」掛在嘴邊的人聽覺敏感；吃東西時總能分析味道，說「這個好甜！」的人是味覺發達；常說「這個東西摸起來……」的人是觸覺敏銳，而總說著「你有沒有聞到……」的則是嗅覺靈敏。

既然我們能透過對方的言語得知他哪一個感官比較發達，接下來該如何開啟對話？其實用符合對方感官的口吻開始即可。

對視覺敏銳的人說「這樣做您會看得比較清楚。」

對聽覺敏感的人講「這樣，是不是聽得很清晰？」

對味覺發達的人說「我來告訴你一個好吃的東西。」

對觸覺敏銳的人講「這個就跟按摩一樣舒服。」

對嗅覺靈敏的人表示「這個就像薰衣草的香氣一樣舒服」等。

只要了解對方，就能透過簡單一句話成功打開話題。

7

變色龍效應，為你加分

一對男女坐在咖啡廳裡，大家會怎麼判斷他們是不是戀人？如果他們的手勢、動作和表情很相似，是戀人的可能性很高。女生拿起咖啡杯時，男生同時拿起；或是男生搔頭，女生也不自覺的摸頭，這兩個人應該就是戀愛關係。

這是因為人在說話時，會不自覺模仿自己有好感的人，當我們對說話者產生正面想法或好感時，從肢體語言、動作、表情，甚至連語氣都會越來越相似，因此，常有人說夫妻一起生活久了會越來越像。

這種現象在日常生活或是職場中相當常見。像是跟合得來的鄰居說話時，也會不自覺做出對方常做的動作，或模仿說話的語氣，還有像是對方眨眼，自己也會不自覺跟著眨眼等。

此外，開會時，如果和某人持相同意見，會忍不住採取和對方相同的手勢和語調。還有，假設主管經常說「就事實上來看……」，職員也會不知不覺的開始說這句話。

如果大家與鄰居或同事對話時，發現兩人的語氣與動作很相似，也許兩人對雙方都帶有好感。

因為有好感，所以會不自覺模仿對方的言行，反過來說，若模仿對方的一舉一動，能讓對方產生好感。根據美國心理學家塔尼爾・查特蘭（Tanya Chartrand）與約翰・巴夫（John Bargh）一起提出的「變色龍效應」（Chameleon Effect），指人們會在生活中自然的模仿身邊人的舉止。

兩位博士分別讓助教與兩組實驗對象討論一張照片十五分鐘後，要求發表對助教的看法。助教在其中一組的討論時，不經意模仿實驗對象，而另一組沒有，沒想到實驗結果卻大相逕庭。

「跟著對方的動作不僅能增加對方的好感，還可讓氣氛變好。不過太直接的模仿，可能會讓對方不悅，要不經意、不顯眼的跟著做才有效。」

美國心理學家麥可・路易士（Michael Lewis）博士則表示，透過變色龍效應，能在商業對談中提高五〇％說服對方的機率。這個效果對於會議或是業務推廣、發表提案、協商等都非常有用。因為這些事情的目標就是使對方同意、說服對方。

因此，我們在對話時，應該充分利用變色龍效應讓他們放下警戒與武裝，而接受我們說的話。隨著對象不同，能使用的此效應種類也很多，最具代表的有下列幾種：

- 表情：微笑、打呵欠、笑容、眨眼等。
- 聲音：說話速度、說話風格、語氣、常用單字、呼吸及停頓。
- 肢體語言：手勢、點頭、附和、走路姿勢等。

如果你很擔心說話時，對方聽不下去，覺得對方像銅牆鐵壁般層層防護緊閉心門，現在開始，在對方出現的場合，悄悄模仿他們的動作吧！這樣不僅能漸漸將對方變成像你的老朋友一樣對你抱持好感，也能讓你更容易心想事成。

8

緊張到發抖，怎麼克服？

一位立志成為空姐的女大學生說：「我總是緊張得發抖，沒辦法好好自我介紹。」

是因為準備不足嗎？倒不是，她準備得很好。我讓她在我面前自我介紹一次，做得非常好。她以令人印象深刻的開頭吸引我的注意，接著分享自己曾在相關的社團工作經驗，時間也掌控在一分鐘內。

硬要說缺點，應該是眼神有點無光。我告訴她：「說話時會發抖的原因之一是準備不足，若沒有做好說話的準備，就會發抖而胡言亂語、胡謅一通，但你準備得很好，就表示有其他的問題。」

之後我又和她聊了許多，最終找到原因，是自卑感造成的發表恐懼症。因為缺乏自信，所以她常眼神閃躲。在後續諮商中，我將主力放在減少自卑感上。經過一個多月與她開誠布公的談話後，終於幫助她減輕了心中的自卑感。幾個月後，她成功考上空服員。

說話時發抖的原因有三：準備不足、發表恐懼症、狀態不佳。

其實符合上述的人很容易看出來。他們的眼神總是充滿不安，說話沒章法，而我因為經常擔任面試官與發表審查，一眼就能看出來。眼神畏懼閃躲的人，根本不用期待他的發表內容。

賈伯斯與林肯在年輕時都不是擅長演說的人，尤其世界級名嘴賈伯斯，更是完全沒有接受過講話相關訓練，因此他剛開始演講時抖得很嚴重。還記得他有一次上電視接受訪問，面無血色直接在節目中向主持人詢問：

「請問化妝室在哪裡？」

「該不會是開玩笑吧？我們現在正在錄影。」

但他從廁所回來後，情況也沒改變，他甚至緊張到根本不知道自己說了什麼。

世界級演說家林肯的情況也一樣，他從政初期，常因準備不足而哆嗦著發表演說。他個子高大，面無表情配上凌厲的聲音，根本無法喚起大家注意聽他說話的興致。

電影《王者之聲：宣戰時刻》（*The King's Speech*）中，英王喬治六世也因自卑感導致發表恐懼症。他因為太緊張而口吃，同時也因認為哥哥愛德華八世比自己優秀而感到自卑。在遇見語言治療師後，透過不斷的訓練來克服，最後順利完成精湛的演說。

即使是以說話為業的我，也難免會遇上狀態不佳的時候。不論我準備得再好，對自己有信心，但身體狀況不好，就沒辦法好好發揮。

因此為了不在眾人面前露怯，不發抖好好說話，以下三點一定要格外注意：

1. 充分準備

首先，最重要的就是充分準備。不論要介紹的內容有多棒，也不管對該領域有多熟悉，只要沒有充分準備就可能失誤。因此在說話之前，一定要懷著虛心的態度好好準備。

2. 對應發表恐懼症

接下來是要控制好發表恐懼症，也就是調適「自卑感」，必須培養自尊自愛的心。有效提升自尊心的做法，就是列舉十個自己的優點，並反覆說出口，如此一來，就能增強自信。

特別注意，就算是不自卑的人，也不見得能在大眾面前好好說話。請記住以下六點，藉此消除緊張。

- 每個人說話都會緊張，接受緊張是理所當然的事。
- 面對失誤要淡然處之。
- 聽眾是獨立個體，因此不管聚會裡有多少人，都當作是在和一個人說話就好。
- 回想自己說得流暢的模樣。
- 發表前做腹式呼吸，慢慢用鼻子吸氣三秒後，在六秒內從口中慢慢吐出，或是做簡單的體操也能減緩緊張。
- 創造自己的口號與動作，來獲得內心的安定。

3. 調整身體狀態

平時就要了解自己的身體狀態並努力維持。因為不管我們再怎麼努力，還是有可能會發生意想不到的情況，若身體狀態不佳，特別推薦做腹式呼吸或簡易體操，效果顯著。

每個人都會經歷因準備不足、發表恐懼症或是身體狀況不佳導致緊張害怕的情況。只要一緊張，臉色就會發白，腦袋也跟著一片空白。這也正是我們需要充分準備來應對突發狀況的原因。

第 3 章

第二要，一個句子一個重點

1

說話也要打草稿

在考場各處，能看到考生們手上拿著摘錄學習重點的筆記，幫助自己在考前快速複習重要內容。

如果沒有習慣做筆記，就得把這幾年學過的所有課本全搬到考場，在考前東翻西找、無意義的閱讀，反而會漏掉重要的部分。換句話說，摘錄重點、將學過的內容整理成筆記，有助於考試當天能快速複習。

說話也一樣，事前應簡單摘錄內容，若沒有先準備，想說什麼就說什麼，不僅浪費時間且會使對方無法專注。就像**考試前要做筆記，說話前也要先打草稿，才能將話說進對方心坎裡**。

有次我去家附近的大賣場，到陳列醋的櫃位。看到一名很像新進的年輕職員，我請他幫忙介紹。他拿起其中一瓶對我說：「這瓶醋由知名P社製造，所以品質值得信賴。最近也有電視廣告，就是藝人廉晶雅代言的，觀眾反應很熱烈，您不覺得那篇廣告很有意思嗎？

「還有，這瓶醋是天然釀造，其他產品都有添加化學成分！所以本產品對身體很健康，美容效果也不錯，價格相較其他產品便宜很多！最近經濟不景氣，這就是最佳選擇，我家也是用這個牌子。」

雖然我聽著他說話，視線卻忍不住飄向醋品櫃旁邊的番茄醬。那位職員很熱情且仔細的介紹，但向我推銷該產品，卻非常失敗。

原因是沒把要說的話羅列清楚。我今天並不是只來買這一瓶醋，而是想趕快拿了醋，移動到其他區買東西。但該名職員沒察覺我的焦急，以為我在悠閒逛百貨公司，拉著我說了一大堆無關緊要的話，像是觀眾對廣告的反應，自己覺得廣告很有趣，甚至說自家也用這個產品等，反而分散我的注意力，由此可看出，這位職員在推銷產品的這部分無疑很失敗。

對他來說，最需要的就是重點整理，並簡單說明：「這瓶醋的優點有三項：第一是值得信任的品牌製造，第二是天然釀造產品，最後是價格低廉。」

精簡的對話能有效傳達重點，不至於讓聽者分心，不管再怎麼忙碌的人都能專心聽進去。

舉世聞名的法國文豪維克多．雨果（Victor Marie Hugo）在無名時期曾經發生一件事情。當時他將自己的嘔心瀝血之作《悲慘世界》（*Les Misérables*）寄給出版社，卻沒得到任何聯絡。焦急的他發了電報給出版社，整個電報上只有大大一個字：「？」

這問號直接省略前言與後續，而只是單刀直入的問「會出版我的著作嗎？」然後出版社也只回了一個字的電報：「！」

這個回答意思是「太棒了，我們會出版。」若當時雨果在電報上寫些沒用的問候，再訴說自己的艱難處境，說不定模糊了電報的重點，甚至出版社總編輯可能沒抓住重點而回覆不相干的內容，被譽為語言魔術師的雨果就是與眾不同。

不打草稿就說話，就像沒準備地圖就前往陌生的地方。因為沒有地圖，無法找到正確的路，只能在錯誤的路上打轉。不打草稿就說話，就會變成想到什麼說什麼，反而會盡說不必要的事情。

2 四種超簡潔對話構成法

人們需要說話的場合非常多，像是閒聊、會議、報告、發表、自我介紹、推銷等，因此說話內容相當多彩豐富，不侷限於某種主題。此外，說話方式也相當不同。

仔細回顧周遭，便能確認眾人說話方式天差地別，其中有一種類型是不管時間，一直叨叨絮絮。

最具代表的是話尾接著話頭，完全不知道停止：「說到我老公，這次升職剛買了新進口車。你們知道嗎？那位韓國演員孔劉也是開那牌子的車！對了，他就住在我們隔壁社區，聽說最近正在重新裝潢房子！不是很多人都把重新裝潢房子當作投資手段嗎？所以我就說，應該把我家在京織道的小店面……。」

上述的對話，相信大家都不陌生。這樣的說話方式不僅完全沒有重點，也會占據很多時間，聽者往往左耳進右耳出。在一些會將說話好壞作為個人能力評價的場合，像是會議、報告、發表、自我介紹、推銷等，更該避免這樣的說話方式。尤其是公開場合，應在短時間內確實傳達重點。

接下來，我要介紹四種方式：三段式話法、EOB話法、PREP話法、四階段話法。就像蓋房子時，需要畫出設計圖才能確認細節，下面四個話法相當於說話時設計圖的功能，可以幫助我們達到理想的說話效果。

•三段式話法

就是緒論、本論以及結論，又稱為OBC話法（Opening、Body、Closing）。是最基本也最普遍的說話方式，在之前的「一分鐘說話術」中曾提及。首先，開頭要有趣，才能吸引聽眾的注意力，而主體部分要有根據、有條理，最後再歸納重點。

舉個例子：「我反對業務一組的行銷方案。反對理由有三點，第一……第二……第三……因此我認為應該撤回這次的行銷方案。」

•EOB話法

意思是舉例（example）、大綱（outline）、獲益（benefit）組成，是說故事常用的方法：

E：產品開發部在開發這次產品時，面臨了許多困難，像是預算刪減、上級漠不關心及部分人員離職等，但我們還是熬過來了。當時加班就跟吃飯一樣，我們為了開發新品用盡全力。

O：這次的新品可說是我們部門由血淚凝聚而成，是我們有史以來付出最多心力的產品。

B：因此，為了鼓勵開發部職員，希望公司一定要將這個產品納入明年的上市計畫。

• PREP話法

這是話者想傳達自己主張時，相當有用的說話方法。它是由結論（point）、理由（reason）、舉例（example）、重申論點（point）所組成。先提出主張，緊接著說明理由，之後舉例說明，最後再強調一次主張。如下：

P：大家一定要購買這個健康產品。

R：因為這個產品有很多對身體有益的成分。

E：我舉一些使用案例給大家參考。藝人C曾說服用這個產品後，疲勞一掃而空，有名的主播J和長椅企業的H表示吃了之後，身體狀態感覺回到二十歲。此外，運動選手K也說服用後，有助於增強體力。

P：所以我對這個產品真的很有信心，希望大家不要錯過。

•四階段話法

創作漢詩時，經常用的起、承、轉、合的結構。這也是名嘴們經常使用的說話法。起是開啟話題，承指延續並展開話題，轉是換個觀點闡述，合則指綜合前述做出結論。

說白就像是四格漫畫，因為漫畫就是以起承轉合為結構畫成：

起：其他部門的工作氣氛很融洽。

承：不僅團結，工作效率也很好。

轉：我們部門卻不是。

合：因此這次我們找了一個新契機，打算改善部門氣氛。

大家可以從上述介紹的話法中挑幾個練習並運用。這樣不管在生活中面對什麼情況，都能根據狀況遊刃有餘的完成對話。唯一要注意的是，四階段話法比其他對話法更難，因此最好避免在還不熟練時就貿然使用，務必多加練習。

3 說越多，他越恍神

現在來仔細講述前文的三段式話法，核心就是作為支撐自己意見的本論（說話的重點主體）。如果沒有本論，不管多有創意的主張都會顯得無力。因此，本論一定要確實，才能好好陳述自己的主張，得到肯定的結論。

所以，我們需要能將本論的想法，整理得一目瞭然的技術，避免聽者發呆或是想別的事情。現在，請大家整理腦中的想法，千萬別以為想到什麼說什麼，就是說得好，將想法說出來前，一定要經過腦海整理。

不需要把摘要想得太難，其實摘要在日常生活中很常見，它能使我們在遇見一些人或看到一些東西時，迅速理解而不至於陷入混亂中或無法釐清狀況。

以水果店為例，架上的水果都分類排好，每個類別前面都有一張標示品項的價目表。所以如果是已經決定好要買什麼的人，一進入店內，就能直接到自己想買的櫃位，再挑選滿意的水果。這個過程非常快速，而且老闆也會這樣介紹水果：「我們店的蘋果和水梨都有三種價位可以選擇，葡萄、橘子和草莓有兩種價位可以選。」

但如果沒有這樣分門別類，我們可能會看到多種水果，根據進貨日期隨意擺放。這樣對想買水果的人來說，可能光為了買到符合自己預算的水果，就要花上一段時間。而且老闆要向客人介紹水果時，也一定會混亂。

說話也一樣，說出口前一定要經過整理和摘要。如果說得條理分明，聽者能快速理解。反之，說得顛三倒四，聽的人就不容易集中，這也就是大家常說的「說話不得要領」。

我有次受邀向電視購物導購員演講，這些人都擁有驚人經歷，像是之前從事過演員、搞笑藝人、主持人、選美冠軍、空姐等，對說話都很有信心，因此不認為這個演講有什麼必要。雖然他們沒有表現出來，但我已從其言行中看出他們有此想法。

不過他們大致上都還是好好聽課，只有一人例外。這個人之前曾在許多活動中擔任司儀超過十年，自認行家，可以滔滔不絕講出非常有趣的內容。但這個能力反而讓他的事業裹足不前。

因為他不習慣整理摘要。像介紹壓力鍋時，他說：「這個壓力鍋只要一個按鍵……使用非常方便。為了主婦……也有預約和簡易清洗功能，還有最近……所以能節省電費，還有年輕人……粒粒分明的口感和老人家喜歡的軟糯口感，這兩種都能做到。」

他想到壓力鍋有什麼功能就說，身為電視節目的導購員，介紹商品不是說相聲，不能認為只要順暢就好，想到什麼就講什麼。這樣的介紹無法吸引那些本來在廚房忙碌或照顧孩子，突然無意間看到電視的主婦，他們只會感到混亂，根本聽不到重點。

上面的介紹其實可以簡單摘錄功能與口感來說明。就功能來說，這個壓力鍋的優點就是一鍵啟動、設有預約及清洗功能，還有省電；口感則是能選擇粒粒分明或軟糯兩種。在節目中這樣精簡介紹重點，才能瞬間吸引忙碌的媽媽們。

「這個壓力鍋有四種功能，能煮兩種口感的飯。首先就功能來說，一鍵啟動煮飯超方便，還有預約功能與簡單清洗功能，是主婦的好幫手，甚至可以節能省電。口感方面，上班族喜歡的粒粒分明和老人家喜歡的軟糯口感都能輕鬆搞定。」

前面的「這個壓力鍋有四種功能，能煮兩種口感的飯。」這句話就是重點。用簡短一句話說明該電鍋的優點，接著一一陳述這些附加說明。

聽到這樣條理分明的句子，就像被邀請參加精心準備的宴會，還能一句話就聽懂重點。

在職場上的發表與報告也是如此，如果想到什麼就說什麼，對方會很辛苦。所以要在腦中先將資訊整理並摘錄出重點，摘錄出的內容，可以依照三段式話法來重新排序，讓內容更符合邏輯。

4 一句話只講一個重點

觀其言，能窺其人。而觀其文，能知其言。

言語和寫文章一脈相通，平常寫文章洋洋灑灑的人，說話時習慣長篇大論，容易讓聽者抓不到重點。反之，文章短小精練的人，說話也偏精簡，讓聽眾能立刻聽懂重點。

對說話有自信的人常犯的錯，就是喜歡使用冗長句子，一開口就不知道結束，但因為後面敘述太多，最後會讓人搞不清楚主詞是什麼，也因訊息過多而使人昏頭轉向。

某企業的高階主管就是如此，他說一段話要三十到四十秒。但其實這段時間，已經足夠說好幾句精簡的話。

他說：「因為輸出到外國的生產線所需成本上漲，所以要下修成本幾乎不可能。然而，在行銷與運輸方面的成本還有縮減餘地，因此以後企劃輸出到國外的產品時，可以檢討其他方案的可行性來試圖下修成本，各部門可以密切相互合作協調來積極推進。」

這麼長的一段話，其實很容易讓聽者抓不到重點，也無法專注聽完，不妨把這一段話拆成兩到三個小段落：

「因為輸出到外國的生產線所需成本上漲，幾乎不可能下修。」

「但行銷與運輸的成本還可以縮減。」

「因此以後企劃輸出到國外的產品時，各部門可以相互合作協調，討論其他可行方案。」

雖然幾乎一模一樣的內容，但拆成幾個小段並整合，能讓聽者更容易掌握重點。雖然不能百分之百確認，不過我想這個主管平常寫文章，應該也喜歡長篇大論。

其實，不論是寫文章或是說話，都應該要培養言簡意賅的習慣，就連寫作專家也都異口同聲的表示贊同：「**一個句子只表達一個想法足已**。」

美國溝通專家湯姆．桑特（Tom Sant）在跨國企業 GE 教工程師們寫企劃書和提案書時，也這麼說：「一個句子，一個重點。一句話內僅有一個想法，將能發揮最大的效果。」

這個法則不只適用於寫文章，也可以用在說話。報告、會議、發表、協商與業務推銷等場合。如果使用夾帶大量訊息的長句子，就像使用煙霧彈，讓聽者聽不懂說話者究竟想表達什麼。所以說話時，一個句子只講一個重點，才能讓聽者瞬間接收到真正的訊息。

5 被濫用的詞：的、性、化

人在說話時，會不自覺使用一些不必要的字眼。或許是因為只要使用這些字，會顯得自己比較高尚。最具代表的三個字就是「的、性、化」。我們來看在生活中這些字有多常被使用。

1.「這次的事情，讓我感覺到身體上的不適。」

2.「他缺乏正直性。」

3.「我們掌握了數位化顧客性向。」

第一句話是在身體部位加上「的」，相同說法很多種，例如精神上的、技術的、核心的、共同體的、傳統的……都是大家慣用說法。沒加上「的」，其實不影響原意，但人在表達時，常會加上這些非必要贅字，只是因為聽起來好像比較有學問。

所以前面第一句話，其實這樣說會更簡潔：「這次的事情，讓我感覺身體不適。」

尤其這個「的」，很容易和所有格的「的」混淆，也就是日文裡的「の」。雖然很多人在日常生活中濫用這個字，覺得就算使用也不影響，不過建議大家在正式場合或公開場合，應盡量避免使用這些不必要的贅字。因為當出現這些贅字時，會瞬間拉低整句話的質感。

第二句是在正直後面加上「性」。這個贅字也是被人誤以為這樣使用看起來比較厲害，但其實它是不必要存在，如植物性、可及性、多樣性、類似性、必要性等詞語，使用時其實拿掉性字更好。像是植物性可以改成「……以植物做成」，可及性改成「……易於接近」。必要時可以使用，非必要時則應盡量避免。

第二句話我們可以改成：「他不正直。」

第三句話是在「數位」後面加上「化」，也是不必要。像常識化、急速化、商用化、核心化、整合化……這些都應盡可能省略或是以其他字來說明比較好。例如像是常識化可以改成「……成為常識」，「整合化」也能直接改用「整合了……」。盡量只在必要時使用，非必要時應盡量少用。

所以第三句可以修改為：「我們掌握了數位客戶性向。」

想精簡明確的傳達語言的意思，就不要隨意使用「的、性、化」等詞，只在必要的場合使用，省略或以其他詞語代替，只要養成少用贅字的習慣，就能大大提升言語的格調。

6 少用專業用語與外文

- 「智能管理系統的導入迫在眉睫。」
- 「我們 Design Team 為 client 企劃了 Satisfaction 又有 Global concept 的 fashion item.」

上述是我在一家企業發表審查中聽到的話。

這家公司在業界小有名氣，具備一定的專業，且據悉員工多是海歸派。但沒想到該公司職員發表審查時，如此令人頭痛。我自詡擔任過許多企業發表審查的評審，算熟知不少商業用語，但那次審查後卻只讓我頭痛不已。

在公布結果時，我對發表者說：「專業用語和外文都會成為你與人溝通的阻礙，讓別人無法理解。」

尤其是在發表時，使用連我這麼常擔任發表審查的人都難以理解的詞彙更不可取。隨意使用只有該領域專家才理解的專業用語，反而只會讓對方無法聽懂。

本節開頭第一句的智能管理系統，及第二句中夾雜六個英文單字，都讓人無法快速理解。我建議修改成：

- 「我們迫切需要能有效活用企業內知識，並幫助創造出新知識的智能管理系統。」
- 「我們團隊為客戶企劃一個既獨特，又具全球概念的時尚單品。」

第一句是為專業詞彙加上簡單說明。企業內難免有必須使用的專業詞彙，但公開發表時，應該加上簡單註解，才能讓非這個領域的聽眾也能聽懂。

第二點是全部以中文替代，如果覺得太嚴格，「Design Team」或「iteam」可以保留。不過要謹記，若在句中放入太多外文單字，會造成溝通障礙，因此應盡量避免。

有次我想換新手機，去了市區的一家代理店。一進到店內，就看到牆上貼著許多我看不懂的標語，我想大家在電視上都看過：

「全世界第一次 GIGA LTE 商用化！」

「以一．一七 Gbs 的速度征服 5G 世界！」

身為 3C 白痴的我，光看到這些標語就想打退堂鼓，本來只想買新手機，但怕會讓店員看出自己其實不懂這些，所以即使他們親切笑著對我說：「是來續約換機嗎？」、「還是要攜碼換新機？」對我來說一樣可怕。

續約換機是繼續使用原本的電信公司，只換新手機；而攜碼換新機是帶著舊的門號，購買新手機並轉換到新的電信公司。對客戶直接使用行內術語，會讓顧客不知所措。如果職員能簡單說明，相信能販售更多的手機。

專業用語及行內使用的外語，在內部談話無妨，但問題是對客戶說明或公開發表時，隨意、不節制的使用。聽眾不會因為這些自己聽不懂的詞彙，而覺得講者很厲害，反而會感覺講者沒禮貌且自大。不僅無法傳達重點，也只會讓發表變得無意義，所以要避免。

7 對比，製造落差、突出重點

在傳達重點時，不能只介紹主要內容，就像高個子在自我介紹時說出身高，或上班族發表企劃案時不斷強調自己企劃的優點。宣傳商品時也是如此，不能光說自家的產品有多好，聽眾聽一聽就過去了，不會記住任何東西。

如果想讓聽的人印象深刻，就需要特別的技巧——對比。很多時候，一一列舉優點不足以說動對方，巧妙的加入比較，能更快打動對方的心。

我在發表時常利用比較。像介紹產品或專案優點時，應大膽跟對手公司的競品相比：

「只要比較我們和 B 公司的產品，就能清楚知道了。」

「將我們和對手公司的專案放一起，很容易能判斷孰優孰劣。」

這裡介紹一個善用比較贏得成功的例子——LG gram 極致輕薄筆電。這款筆電在韓國上市時，主打輕盈，在廣告中找一位紙藝大師，利用紙張完成一臺筆電，完成後與LG筆電一起放在秤上。令人震驚的是，秤向著紙筆電那邊傾斜了。這個畫面精準傳達了自家產品的核心重點，觀眾們也都為這個畫面折服。

大家都會這麼想：「竟然有筆電比紙做的還輕！」

LG筆電淨重九百八十公克，從數字上我們可以得知筆電不超過一公斤。但如果只不斷強調九百八十公克，相信一定不如那段廣告般深入人心。

有能力的導購員也會善用比較來介紹產品，像是介紹體積小的電子產品時，會拿出硬幣放在旁邊對照說：「比十元硬幣還小。」介紹面膜時，會放上使用前、後的照片：「大家可以對比使用前與使用後，立刻就能看出效果。」

因此，在表達自己的主張或介紹產品時，善用比較，更易於傳達重點。例如高個子想強調自己的高，可以這麼說：「韓國男生平均身高是一百七十四公分，而我比他們高出十三公分。」

聽眾馬上能知道講者的身高比韓國人高多少。我們在說話時，很常提到那個人多高或多矮，但聽者其實很難真正理解講者口中的高是多高、矮是多矮，只要加入比較，馬上就能聽懂。

還有，上班族提出企劃案時也應該這樣說：「我對比了這次新企劃案與去年創下佳績的其他企劃案。」

對聽的人來說，新企劃案和其他去年優秀的企劃案相比時，一下子就會覺得新企劃比較好。企業在宣傳新品時也一樣，不妨大膽將競品放在旁邊比較。這時，只要一句話就足夠：「跟這個產品相較之下，應該不必我多說了吧？」

顧客一眼就能比較出優劣，又怎麼能不被新產品吸引？

8

一張恰如其分的圖，勝過任何內容

韓國知名導演奉俊昊說：「會有一隻這樣的怪物從漢江（按：又稱韓江，朝鮮半島主要河流）裡冒出來！」

當時，奉俊昊因先前的作品票房慘淡而意志消沉。但越是這種時期，他更堅持自己的夢想——製作一部與漢江怪物有關的電影。為了實現夢想，他迫切希望能找到願意投資的製作公司，但當時韓國市場對怪獸電影題材相當陌生，因此沒有任何公司贊助。

不過，當奉俊昊向製作公司代表遞出一則企劃案，上有一張合成照片，以浩瀚的漢江為背景，中間有一隻巨大的怪獸，而該製作公司的代表僅憑這張照片就決定投資百億韓幣。這就是在韓國突破千萬觀影人次的超人氣電影《駭人怪物》。

一手打造韓國現代集團的鄭周永會長，在建設造船廠時也面臨相似情況。一九七〇年，韓國不但缺乏建設資金也沒有技術能力，而鄭周永為了貸款而前往英國拜訪國際造船顧問公司 A&P Appledore 的會長查爾斯・朗博頓（Charles B Longbottom），但朗博頓對於這個來自亞洲邊緣陌生企業的請求反應冷淡。

這時，鄭周永用一句話打動了朗博頓的心。他從錢包拿出一張五百元韓幣，秀出上面的龜甲船：「韓國在一千五百年左右就造出了龜甲船以擊退外敵，造船時間比英國早了三百年。我認為韓國有這個能力造船。」朗博頓盯著紙鈔上的龜甲船看了好一會兒，終於決定投資他。

這兩個故事都告訴我們圖片的力量。

很多人會認為視覺影像是言語的附屬品，但其實這是錯誤認知。**一張恰如其分的圖片，能發揮的威力遠勝過任何演講內容**。根據美國科學家魯斯．舒華芝（Ruth Schwarze）教授於「感官的認知比例」中提出，人類獲取資訊的途徑，味覺三％，嗅覺三％，聽覺一三％，視覺是七八％。視覺壓倒性占據最重要位置，而實際上，約八〇％資訊都是靠視覺來傳達。

以言語傳達的訊息，在聽過後三小時內，留存在記憶中僅剩約七〇％，三天後剩一〇％；與之相比，圖片資訊在看過的三小時內，留存在記憶中為七二％，而三天後剩下三五％；如果結合言語訊息與圖片，能創造加乘效果。即使在三小時後依然能記住約八五％，三天後還能記住約六五％。

美國培訓大師鮑勃．派克（Bob Pike）曾在著作中提及培訓講師的二十二種致命錯誤，其中一點是「未能善用視覺教材」。視覺教材能增加課程趣味、提高學員集中力，而鮑勃也以善用照片及視覺教材聞名。

有次他去演講，拿著一雙嬰兒鞋子進場，然後將那雙鞋擺在講臺醒目的地方，直到演講結束。事後他說：「我把鞋子放在那裡，是為了提醒大家，學習就和小孩學走路或其他行動一樣。」

他一直強調以參與者為中心的教學，認為聽眾的視線會不自覺聚集在放鞋子的地方，如此一來也能增加聽眾對演說的集中力。因為聽眾的視線會被講臺上的嬰兒鞋吸引，且對它充滿好奇。

為了能直接了當將重點傳達給對方，視覺影像是必須，而非參考選項。下列五個視覺影像的優點，請大家謹記。與他人對話時，也能善用視覺影像來達到無障礙溝通：

・擴大傳達力

以視覺來傳遞資訊與知識效果加倍，因為人們對視覺相當敏銳，人氣講師、知名演說家的祕密就在這裡。他們會準備適合的圖片資訊，將想說的內容最大化傳達給聽眾。

・提高集中力

話聽久了難免覺得無趣，如果能在中間穿插一張圖片，不僅能提高聽眾的興趣，還可以使他們專注。所以不只耳朵聽，也要聚焦在聽眾的眼睛上，提供適切的圖片資訊，相信聽眾眼睛都會發出興致勃勃的光芒。

・提升理解力

大家有時會遇到不管怎麼說明，對方都一頭霧水的情況。這時，不妨用圖片來代替言語，一目瞭然的圖能提升理解力。就如有句話說的：「百聞不如一見」！

・增進說服力

想說服對方，就更要善用圖片的力量。許多說服專家無一不是努力準備圖片來說服他人。只要一張適當的圖片，就能把對方變成自己人，不管對象是誰。

・提高記憶力

人們一天會習得無數資訊與知識，因此很多資訊與知識免不了被遺忘。因為人類能長久記住由圖示習得的資訊和知識，若期望對抗遺忘曲線（按：Forgetting curve，是用於表述記憶中的中長期記憶遺忘率的一種曲線）、久久記住一些事情，就需要活用圖片的力量。

第 4 章

第三要，
說故事

1 開場前十五秒決定成敗

「我不太會講話，今天要站在前面發表，所以我非常緊張。」

「嗯……今天我想跟大家分享的是……那個……所以說……我的意思是……。」

相信大家在一些演說或發表時經常聽到上述這兩句話。我可以很肯定的說，這種開頭完全是錯的。第一句話可能會讓人誤以為是謙虛的表現，但請記住，聽眾期待的，不是一位謙虛說話者，而是一名有自信的講師。因此一開始就消極的表示自己不會說話，只會讓觀眾產生不好的印象，覺得這個人說不出什麼精彩內容，導致注意力下降。

第二句話也一樣。「嗯……這個嘛……那個……」都是不需要的詞。雖然很會說話的人也無法完全屏除這些詞，但大家一定能清楚感受到，越不會說話的人，他的句中會加入越多無意義的贅詞。而這些不必要的話，不僅會讓聽者不舒服，也會使注意力低下。

開場的前十五秒決定談話成敗，因此開頭相當重要。如果浪費這十五秒，聽眾會在心中默默扣分，也不會想認真聽講者說話。反之，若好好掌握，聽眾到後半段，也能繼續關注講者。

英國電影導演希區考克爵士（Sir Alfred Hitchcock）曾說：「真正能帶給觀眾趣味和感動的，就是『第一個畫面（場景）』。」

說話也是如此。若想在短時間內傳達重點，更應該利用前十五秒，將對方變成自己人，這需要透過完整的事前準備才有可能達成。

以我為例，不管是與人說話或演講時，都不會隨意的說出第一句話。

我會先準備好六種能獲得反響的開頭，然後視情況決定採用其中一種。不知道是不是因為這個習慣，與我交談或聽我演講的人，都會異口同聲的說：

「聽到您說第一句話的瞬間，不知怎麼就被吸引了。」

「我其實不太能專注聽演講，但很神奇，您演講的第一句就抓住我的心，讓我不知不覺就聽完了。」

話說得有趣還是無趣，不是靠中間的本論，而是由開頭的十五秒決定。所以要好好準備，開頭不能隨便說說。要在開場時就吸引對方，並讓他們能懷著興致繼續聽下去。接下來我要介紹六種能獲得迴響的有效開頭方式：

1. 拋出問題

令我意外的是，很多人不知道拋出問題的效果，提問就像偷襲，因為聽眾不會預料到講者一開始就提問，在開頭提問，能抓住聽者的專注力，例如：「我現在出一個謎題，大家來猜猜看。」

2. 導入自己的經驗

比起毫不相關的人，觀眾更關注眼前講者經歷過的事。假設要講經濟不景氣，比起引用新聞上的數據，不如以自己的經驗來談：「我今天來這裡的路上，看到很多店都沒有營業。商店門口寫著……。」

3. 提出令人震驚的事例

不認識的人開口說話時，聽眾不會一開始就對這個人抱持高度的關心，因此要想辦法引起聽眾的興趣，才能讓他認真聽你說話。

這時，講者可以利用衝擊法來引發聽眾興趣：「大家如果不知道這個的話，說不定會發生嚴重後果。」

4. 以故事開始

引用書或電視中出現的話題增添趣味。寓言也好，實際發生的事情也行。假設想說明故事的力量，可以這麼說：「美國拳擊英雄穆罕默德·阿里（Muhammad Ali）在默默無名時，總是高喊『我會成為最偉大的，我是最偉大的。』媒體一開始都覺得他在吹牛，但他卻連續擊敗了超強對手。

「在與前世界輕量級拳王阿奇·摩爾（Archie Moore）比賽中，還有與創下四十連勝的新拳王喬治·福爾曼（George Foreman）對戰時，他都實現了自己『要贏！』的話。他也曾說：『我的勝利不是來自拳頭，而是我的話語。』」

5. 引用知名人士的話

想一開始就吸引聽眾的注意，比起自己現身說法，不如引用知名人士的言語。因此最好記住一些名言，尤其家喻戶曉的名人，然後根據情況使用，例如：

「英國電器公司戴森（Dyson）總裁詹姆斯．戴森爵士（Sir James Dyson）曾說：『失敗的意義非凡，因為它是成長的一部分。你不會從成功中學到什麼，但你能從失敗中學習。』」

6. 稱讚聽眾

沒人不喜歡被稱讚。如果能在開頭時真心的稱讚大家，能讓聽眾瞬間進入傾聽模式。不妨這樣開口：「能在各位業界先驅的面前發表演說，我感到非常榮幸。」

2 說說你的故事，別光講名字、職稱

接下來要說的，是有次我參加某企業執行長聚會時發生的事情。聚會一開始，大家紛紛站起來自我介紹。這些巨頭只要手握麥克風，就忍不住用演講的語氣說話。大部分都是介紹自己公司名稱、事業涉足的領域、規模及成績等，既千篇一律又無聊。

這時有個人吸引了我的目光，他向大家行了一分鐘的注目禮後，用有些木訥的語氣說道：「我在偏鄉農村長大。父母都是農夫，因為家裡經濟困難，所以我高中休學後，就獨自來到大都市求職，拚命的工作。我做過非常多職業，像是賣報紙、外送、飯店接待員等。

「之後我存到一大筆錢，開了一間讀書室。事業算滿順利，現在全國有三百多間連鎖讀書室。我的願景是讓家境貧寒的孩子都能來讀書，幫助他們實現夢想。謝謝大家。」

語畢，他果然立刻得到大家的回應。身旁一些企業家甚至熱烈鼓掌，他的言語感動了大家。雖然說話的語氣不像企業家般圓滑，但他的話中卻帶有能打動聽眾的元素。他以自身經驗來介紹自己，反而更吸引大家認真聽他說話。比起其他企業家總宣傳自己公司，顯然這位的介紹更具影響力。

美國作家奇普・希思（Chip Heath）與丹・希思（Dan Heath）兄弟兩人合著的《影響他人購買、投票與決策的六大成功關鍵》（*Made to Stick*）一書中也應證了故事的力量，兩人以美國史丹佛大學（Stanford University）的學生為對象來實驗，將美國犯罪模式相關資料提供給學生後，要求他們進行一分鐘的演說，主題是「非暴力犯罪是否為嚴重問題」。

兩位作家要求一部分學生擔任正方，主張非暴力犯罪是嚴重問題，另一部分學生則擔任反方，主張非暴力犯罪並非嚴重問題。

在學生上臺發表時，也讓他們為對手評價。最後得到最高分的是發音和語調都相當標準的學生。然而，最重要的實驗現在才開始，作者讓學生寫下十分鐘前對方同學的演講內容。

可以發現，最被學生們記住的內容，都是同學帶入自己的故事來延伸的辯論，有故事比那些列舉客觀統計資料的內容，更令他們印象深刻。能記住客觀資料的同學僅有五％，但記住故事的同學卻有六三％。

所以奇普和丹下了結論：「最令人印象深刻的表達，是善用故事或情感來支持論點的學生，還有一次只傳達一個重點的人。」

想讓你的話被記住，祕密就在「故事」。

前美國總統歐巴馬演說時，就常常說故事。他在成為民主黨總統候選人的演說上，以父母的故事為例，透過故事來向美國人民傳達一個強烈的訊息——美國是一體的，能實現夢想：

「四年前，我跟大家說過一位來自肯亞的年輕男子，與一名來自堪薩斯的年輕女子的故事。他們雖然不富裕也不有名，但他們卻相信自己的兒子只要下定決心，什麼事都能做到。這是因為我們心中都懷著讓美國更好的決心。所以，只要努力工作，就能讓我們的子女實現夢想，同時，我也相信美國這個大家庭能與大家攜手前進……。」

我很早就知道故事的力量，因此不斷活用。在自我介紹時，不會條列式介紹經歷。像是參加一些聚會或演講時，會以講故事的方式介紹自己。

「我出生於釜山，從小住在鐵道旁簡陋的合租住宅。小時候一事無成，到國中時被老師稱讚『聲音很像配音員』，才開始夢想成為一位配音員。經過不斷努力的練習，我終於成為一名靠聲音吃飯的人，出演電視臺、擔任活動主持及演講等。不管什麼活動，我都全力以赴，最終成為韓國首屈一指的溝通專家。鐵道旁窩棚的少女蛻變成了現在的模樣。」

這時聽眾都會豎起耳朵，因為沒想到這麼有名的講師，以前竟然有這種經歷，大家的表情都很認真。也因這段介紹，聽眾對我的認識都是「鐵道旁窩棚少女變身演說專家」。

故事的種類非常多。其中能發揮最強大力量的就是自身經驗談。如果做好準備，在面臨需要以故事強化自己印象的場合，像面試或報告等，都能讓大家印象深刻。

這時，有三點需要特別注意。首先，故事不要過長，盡可能簡短。其次，只講重點，不必要的細節只會影響大家的專注力。最後，故事的情節需有感染力。因此，根據故事內容，開心的故事要用開心的語調，反之，悲傷的故事用悲傷的語調，注意聲調的變化，更能有效傳達重點。

3 用數字、經驗，對話更立體

接下來，我會深入說明有效傳達言語重點的技巧。就算是相同內容，有人說出來沒感情，讓聽者無法切身體會，好像在聽一件無關緊要的事。反之，有些人則能講得繪聲繪影，讓聽眾彷彿身歷其境，如體驗虛擬實境般生動真實。

明明是一樣的內容，為什麼會有如此大的差異？因為每個人對語言的感受能力不同。將話說得平平無奇的人，對語言的感覺抽象；而言語生動的人，對語言的感受則非常具體。

舉例來說，對語言感覺抽象的人會說：「我喜歡吃水果，還養了一隻狗」、「我是個認真的人」、「我有海外研習的經驗」。這些話都常聽到，不需要費心琢磨就能說出口，但在競爭舞臺上顯得虛浮無力，尤其像面試或需要推銷自己的場合，這種自我介紹無疑是自我毀滅。

為什麼？答案是因為缺乏生動感，而降低語言的傳達力。我們可以想像人造花和鮮花，雖然外表看起來一模一樣，但最後還是差在生動感。人造花色澤黯淡且缺乏靈動，鮮花則散發生動的光澤，所以人們以鮮花布置珍視的場合。

言語亦是如此。人們喜歡聽內含生動感的言語，也能隨之做出反應。怎樣才能說得生動？首先，以具體數字或專有名詞描述，讓聽者在腦中想像出畫面。

「我喜歡吃蘋果，還養了一隻六個月大的貴賓狗。」

「我在國、高中六年間都拿全勤。」

「我在加拿大的B大學念過一年語言中心。」

就第一句話來說，原本的水果與狗只是普通名詞，而替換為蘋果和貴賓狗是專有名詞，光替換名詞就能讓聽者腦中多出一些想像。

在日常生活中，常會使用普通名詞，但在公開場合上，使用專有名詞較能突顯生動內容。例如以賓士S CLASS取代轎車、瑜伽取代運動、牛排取代食物等，有助聽眾在腦海中留下鮮明影像，更能有效傳達話者的重點。

第二句的變動則是說得具體。舉例來說，認真這個字大家都懂，但到底是什麼程度的認真，每個人理解不同，聽起來也很抽象。因此加上數字表現，相信聽的人馬上就能感受到多麼認真了。

第三句也一樣。一句海外研習，聽者無法知道在哪個國家、學習多久，換成「在加拿大的B大學念過一年語言中心」，讓人清楚明白，且感覺更可信，甚至腦中會浮現他在海外研習的畫面。

商業場合也是如此，使用普通名詞和抽象表達，無法直指人心。讓我們一起看下面兩個充滿生動感的標語：

「除了老婆和孩子，全部都換掉！」

「陽光政策（按：由前大韓民國總統金大中提出，用來和平處理朝鮮半島分裂對立局面的關係。包括不容忍任何來自北韓的武力挑釁、不以任何方式試圖合併北韓或主動與北韓尋求合作）。」

第一句是韓國三星集團前董事長李健熙，在一九九三年推行大改革時，提出的標語「新經營宣言」。使用骨肉至親的老婆和孩子，讓人感同身受。比起只強調徹底改革，更顯生動，站在聽者的立場也能很清楚感受話者的理念。

第二句則是前韓國總統金大中在倫敦大學（University of London）

演說時提及。比起直接說明略顯生硬且毫無感情，借用伊索寓言的陽光一詞，就轉變整句話蘊含的意義。原本不怎麼討喜的政策，卻因名字的關係讓人覺得溫馨，人們甚至對該政策的信賴度提升。

透過言語，能將自身經驗與對事物的感受分享給他人。因此，想打動人心，應把話說得生動，而最重要的是使用專有名詞與數字等，才能讓聽者彷彿身歷其境，不只用耳朵聽，也透過全身的五感來感受話者想傳達的內容。

4

增量詞彙量

- 「之前因管理國民安全與災難的機能分散在多個機關中，因此無法迅速且一絲不亂的做出因應。」
- 「政府將果斷的面對這次嚴重威脅國民安危的事態。」

這是先前韓國政府新聞發布會的內容。仔細推敲，就能發現用字錯誤。哪裡出錯了？第一句的「一絲不亂」，以及第二句的「安危」。

首先，一絲不亂雖然指一點都不馬虎，但在這個句中，使用有條不紊會更適合；而安危則指安全與危險，在這裡應改為威脅國民安全才對。只是些微的差異都可能會貽笑大方，而且連政府機關發布的內容都犯這種錯誤，更何況日常或商務場合。

這兩個句子都用錯詞語，有時候成語也會遭誤用，使用成語時更是常見，難免鬧出笑話：

「新冠肺炎時期，明洞地區萬人空巷。」

「這座山的岩石真是鬼斧神工。」

「就把他的成功案例當作他山之石！」

「我在公司能掌握你的生死大權。」

萬人空巷指擁擠、熱鬧，而非空曠。鬼斧神工指技藝精巧，非人工能達成。而第三句的他山之石，指從別人的錯誤中借鏡，無法用在正面例子，因此若要修訂，須改成「就把他的失敗案例當作他山之石」。最後一句則應該是生殺大權而非生死大權。

日常生活中用錯的詞語非常多，而這種錯誤若不斷累積，會造成溝通問題，可能將導致誤會、不信任，甚至不愉快。下面表格列舉幾個容易誤用的詞句（見下方圖表2及下頁圖表3）。

此外，語彙能力不足有礙溝通。就像小孩子想表達想法時，能使用的詞彙有限。他們不只是語彙不足，也不知道抽象的表

圖表2　日常生活中常見的誤用成語。

屢試不爽	○ 每次結果都相同。
	× 每次都失敗。
耳提面命	○ 當面殷殷教導。
	× 在耳邊訓斥。
一言九鼎	○ 形容說話分量重。
	× 守信。
美輪美奐	○ 形容房屋華美高大。
	× 形容美好的事物。

圖表 3　日常生活中常見的誤用詞語。

錯誤	正確	註解
他的別墅昨天開始「破土」。	他的別墅昨天開始「動土」。	破土：指陰宅的開工。 動土：指陽宅的開工。
他的精湛球技引人「測目」。	他的精湛球技引人「注目」。	測目：指斜眼、不以正眼看人。 注目：指將視線集中在一點上。
他被人說「品位」差。	他被人說「品味」差。	品位：指人的官階地位、品格及社會地位。 品味：指食物餚饌、品鑑能力。

達及同義詞等，因此在表達上受到限制。

但這種情況不只會發生在孩童身上，成人也會。語彙能力好的人因善於表達，所以能產生良好溝通，反之語彙能力差的人，只能含淚吞下溝通不良的苦果。

韓國人平均使用的語彙量比其他先進國家少，韓國男性一日的平均使用語彙約兩千至四千字，女性則六千至八千字。請大家記住，如果你的語彙量少於此標準，日後在溝通上一定會吃虧。

有些人嘴邊總是掛著「超帥」這種通俗的詞彙。除此之外，形容一個人還能用很有魅力、亮眼、迷人、外貌出眾等詞，這些表達更加生動且吸引人。

就像天天穿不一樣衣服，讓人耳目一新，同理，詞彙量多的人較能吸引人，否則就像每天穿著一樣衣服，毫無新意。

即使名嘴或演說家也會誤用成語，或反覆使用固定的詞語。這樣一來，即使傳達的內容很棒，聽者還是難以產生信賴感。

使用正確又豐富的語彙，才能讓重點發光。

5 用肯定句包裝缺點

醫生A：「一百人做了這個手術，其中九十人五年後依然存活。」

醫生B：「一百人做了這個手術，其中十人在五年內死亡。」

兩位醫生都在說服患者接受同一項新的癌症手術，但患者聽起來感受卻完全不一樣。

A醫生的患者聽後，當然會懷著肯定的心態接受手術：「竟然有九〇%的人能多活五年以上，術後存活率很高！」

而B醫生的患者，則會沉重的拒絕手術，因為他們會想：「竟然有十個人在五年內死了，之後再說吧。」

明明醫生都勸患者接受同一項手術，接受度卻差這麼多，是因為相同內容用不同的話語解釋，會使聽者產生會完全不同的感受。

假設桌上有一個玻璃杯，裡面裝著半杯水。解釋隨著人而改變，抱持正面心態的人會想：「還有半杯水耶！」但消極的人卻覺得：「唉……只剩半杯水了。」

這個現象又稱框架效應（Framing effect），美國社會學家厄文．高夫曼（Erving Goffman）在一九七四出版的《框架分析》（*Frame Analysis*）中提出。指一個客觀事實放進不同的框架中，人們的決定和解釋會隨之改變。

框架一詞，在心理學上指思考框架，而人們會隨著該思考框架做出相應的判斷與決定。

有個實驗與框架效應有關，以色列心理學家阿摩司．特沃斯基（Amos Nathan Tversky）和丹尼爾．康納曼（Daniel Kahneman）將受試者隨機分成兩組，並說：「有個亞洲疾病，雖然目前在美國相當罕見，但如果大爆發，將導致六百人死亡。為了因應此疾病，現在有兩個做法，請大家選擇自己偏好的一種。」

第一組受試者聽到的方案：

A：執行後，能救活兩百人。

B：執行後，有三三％機率全數救活，六七％機率會無人生還。

結果，七二％受試者選方案A，二八％選擇方案B。

第二組受試者聽到的方案：

C：執行後，會有四百人死去。

D：執行後，三三％機率全數救活，但六七％機率全數死亡。

實驗結果，有七八％受試者選擇D，而選C的人只有二二％。

這個實驗結果充分顯現出框架的重要性，因為即使內容完全相同，但因框架不同，解釋和選擇就會不一樣。因此，傳達重要訊息時，希望大家能將內容放入正面框架中。

在日常生活中，一件事往往同時包含正、負面因素，例如項目提案時，一定存在成功與失敗機率；宣傳新品時，也同時有產品優點和缺點。因此基於客觀事實，學習活用框架效應，必須努力呈現既正面又能打動人心的一面。

假設現在要推動一個方案，成功率六〇％、失敗率四〇％，不妨這麼說：「這個方案的成功率有六〇％。」

如果新商品優點和缺點相當時，可以說：「這個產品的優秀性能不輸給任何產品。」

想宣傳持續排名業界第二的公司，則可以說：「我們是第二名，因此更加努力。」

6 用名言

我整年奔波韓國各地演講。每次來聽講的人最少幾十名、最多至數百名。其中有些企業邀請我為員工演講特別主題，因此不得不抽出相對大量時間準備。就算我口才不錯，內容也相當實用，但絕不可能拿著一套稿子行遍天下，如果像鸚鵡一樣，每場播放相同講稿，聽眾的反應可想而知。

因此每次事前準備時，我都會記錄新的名言、俗諺或能激勵人心的言語，電視節目中藝人說過的話，還有在新聞、書中看到或聽到印象深刻的。其實我也買了三、四本名言集，只不過書中收錄的名言都比較舊，所以我會用日常生活中收集的話語，最近愛用的名言，是韓國作曲家李尚敏引用英國文學家莎士比亞（William Shakespeare）的話：「**難過的時候哭是三流，忍耐是二流，笑才是一流。**」

當時他背負巨額債務，說出這句話後，引發非常大的迴響。尤其在不景氣的環境下，許多人都和他一樣正經歷經濟困境。

就算演講內容一樣，有無使用名言，差異非常大。如果沒有引用任何名言，只說自己想說的，內容就會漸漸無趣，想傳達的理念也無法令人產生深刻印象。但只要用對一句名言，就能突顯重點。因為聽眾就算忘記大部分演講內容，卻會深刻記得名言。

- 林肯在蓋茲堡國家公墓揭幕式演說說道：「為民所有、為民所治、為民所享的政府，絕不會從這片土地上消亡。」

- 前美國總統約翰・甘迺迪（John F. Kennedy）就職演說說道：「不要問你的國家能為你做什麼，而要問你能為國家做什麼。」
- 美國五星上將道格拉斯・麥克阿瑟（Douglas MacArthur）卸任告別演說說道：「老兵不死，只是逐漸凋零。」
- 史蒂夫・賈伯斯在史丹佛大學的畢業演講上說道：「保持飢渴，保持傻勁。」

林肯的名言引自美國牧師彼得・派克（Peter Parker）的宣教集；甘迺迪與麥克阿瑟的名言則出自華倫・蓋瑪利爾・哈定（Warren Gamaliel Harding）總統演說集與以前的英國軍歌。賈伯斯在演講中提及的話出自斯圖爾特・布蘭德（Stewart Brand）出版的《全球概覽》（*Whole Earth Catalog*）雜誌。

如大家所見，這些有名的演講中，都各自引用名言，提高現場聽眾的注意力並突顯演講重點。即使在演講結束很久之後，聽眾也記得這些名言。

因此，像開會或自我介紹等需要強調自己能力的場合，別人都只說和自己有關的事，但你卻引用了名言來突顯自己，無庸置疑，你就是最亮眼的存在。

當其他人還在無聊的一一列舉要點，你只用一句名言就清楚傳達自己的理念，立刻成為全場焦點。下次不妨在開頭或結尾時，引用名言來加深聽眾的印象！

7 心理學上的卡里古拉效應

幾乎市面上所有說話術書籍，都會強調「肯定言語」的效果。肯定表達須以正面心態和思考作為前提，才能說出肯定的話。所以否定的表達，自然而然就變成應極力避免的話語。

事實上，**有時候否定的表達反而比肯定表達更有力**。否定詞語包含「不、無、非、否」等，使用這種詞彙大都時候會給人反感與嫌惡等強烈感受，但若正確使用，能使你的話更有力量，請看下列例子。

韓國文人韓龍雲的詩作〈你的沉默〉中，有一句「縱然死去，我也不會流淚」，這樣表達不是不悲傷，而是太悲傷。比起直接以流淚表達傷痛，用不流淚反而更顯痛心。我們在對話中，也能用否定表達來抓住對方的心。

在廣告界裡，稱為「負面行銷」（Negative marketing），指透過負面標語達到正面效果的技法。雖然在廣告界，常使用肯定語句，但有時負面語句反而能帶來效果：

- 韓國綠色雨傘兒童財團：「請不要記住這個孩子。」
- 韓國百歲酒：「百歲酒不是藥，是好酒。」
- 韓國雷諾三星汽車：「反對SM3 1600CC上市。」

以上三則廣告都以否定語氣呈現，如果將它們修改成肯定句，相信大家只會看過就忘了，但因使用否定表達，讓視聽者產生疑惑，進而抓住他們的目光，注意到廣告標語。而這個過程會在消費者腦中形成一個印記，不容易被遺忘。

第一個標語在二〇一二年十二月被選為最佳創意廣告。該標語上，掛著一群面黃肌瘦的非洲兒童照片，人們看到照片，當然會想幫助他們。而標語卻寫著請大家不要記得，更深植「請幫助孩子們」的肯定訊息。

第二則的百歲酒中含有大量藥材，且是藥材成分最高的韓國酒。但他們卻大膽使用了否定標語「不是藥」。該產品雖然說明不是藥，價值卻不會因此下降，反而讓消費者覺得百歲酒雖然不是藥，卻含有益身體健康的成分，成功利用否定字眼來傳達正面意義。

最後一個則是雷諾三星汽車在推出高級中型房車 SM3 時的標語。廣告中提及該車型擁有超強馬力及續航力，最優秀導航與舒適的乘車感，因這些優點可能會讓取締超速的警察、加油站職員、空服員等感到疑惑，所以使用否定標語來做廣告，但透過這個標語，觀眾們接受到的訊息卻是好像有一臺了不起的車要上市了。這比直接宣傳優點更強，大家知道它廣告效果如何？播出後，雷諾SM3在兩個月內銷售爆增三六%。

否定表達的效果亦可以透過「卡里古拉效應」（Caligula effect，一種越是遭到禁止的事情越想做的心理現象）來應證。一九七九年在美國，有一部描寫卡里古拉帝王生平的電影《羅馬帝國艷情史》（*Caligula*），因這部電影有非常多關於性事的畫面，所以在美國波士頓（Boston）被禁止上映。但因這個禁令，反而更讓人好奇，觀眾都到其他城市看這部電影。

否定表達不只在標題能創造好效果，一般對話中亦能妙用，因為大家都習慣肯定表達，因此使用否定句反而能使人印象深刻。

如果想推薦自己的企劃案，可以說：「您不看我的企劃書也好。

因為實在太好了，看了之後可能會增加您的工作量。」

如果想強調自家商品的安全性，可以這麼表示：「如果我們家的商品不安全，那麼母乳也不安全。」

想極力贊成公司的某企劃時：「我反對！我怕這個企劃太成功，會讓我們公司變驕傲。」

8 沉默的力量

話說得好，不表示就要說得多。真正會說話的，反而是那些能使用精簡言語來準確傳達意思的人。實際上，說話達人講話都很精簡，沒有多餘、贅字。而有些場合，卻連說都不需要，就能傳達意思，甚至威力比言語大好幾倍。因此有句名言說：「言語是銀，沉默是金」，不過一般人可能較無法體會。

我在課堂或演講強調沉默的力量時，常引用《孫子兵法》這句：「百戰百勝，非善之善者也；不戰而屈人之兵，善之善者也。」

因出自兵法，所以不只言語精簡，含金量也非常高。所謂兵法，是行兵之法，能左右無數生命與國家命運，因此兵法可行且科學。而古今中外一致推崇的《孫子兵法》，上面竟說：「不費一兵一卒就獲得勝利，才是一流的戰爭」。一旦戰爭，難免有損失。因此，不費一兵一卒，沒有傷亡就贏得勝利，才是最厲害的戰績。

言語也是如此。不論是出色的演說家、發表者或銷售員，講越多，難免會出現不必要的話。在對方面前露出缺點，進而可能蒙受損失，甚至導致錯漏重點。因此，當你發現即將說出不必要的話時，最好立刻打住，以沉默強化想表達的重點。

對話時，記得以下守則：「以言語戰勝對方並非真正的勝利，不說話就戰勝對方才是真正的勝利。」

演說聞名世界的前美國總統歐巴馬就應證了這點。二〇一一年，美國亞利桑那州（Arizona）舉行槍擊案犧牲者追悼儀式。歐巴馬從頭到尾都以沉痛的表情演講：「我希望我們不會辜負她的期望。我希望我們的民主能像克里斯蒂娜（按：該事件中有六人喪生，僅九歲的克里斯蒂娜為其中一人）想像的那樣美好……我們能打造一個永遠讓溫柔快樂的克里斯蒂娜感到驕傲的國家。」

語畢，他沉默了十秒，然後看向右方，約十秒後再次深呼吸。然後三十秒後，他用力閉了一下眼睛，這時他沉默已達五十秒。歐巴馬以沉默表達言語也無法形容的莫大悲痛。

法國新聞社（AFP）對歐巴馬該演講評論：「歐巴馬自從上任，主要演說集中在推行政策，但這次他卻完成了與全民溝通、情感交流。這將成為他就任兩年以來，最值得被記錄的時刻之一。」

在日常生活與職場中，能不言語爭吵，以沉默轉化危機的種類有下列五種。希望大家能記住，在適當時機選擇並運用，遇到再頑固的對手，也能不費吹灰之力擊垮他。

1. 請求諒解：如果想求得對方的諒解，不必一直說個不停：「這次我先報告……可以嗎？」

2. 給予餘韻（回味）：想帶給對方感動時，更應善用沉默的力量，前文歐巴馬的演說就是最佳例子。若想稱讚某件事時，則可以說：「你這次的企劃，真的做得非常好……。」

3. 創造期待：想讓對方期待你接下來的話，可以說：「我們部門有好事發生！那就是……。」

4. 取得同意：想取得對方同意時，在說話途中沉默，無形向對方施壓，讓他較能同意你的意見：「這個企劃書是我們部門一個月不吃不喝趕出來的，所以這次企劃案……。」

5. 促使對方思考：說話時，需要給對方思考時間。因為經常會發生思考跟不上說話速度的情況，這時，沉默讓對方有思考空間：「你對政府這次推出的新政策，有什麼想法呢……？」

第 5 章

這樣說話，職場最吃香

1 第一句就要破題

A：「這次的企劃書，什麼時後能交？」

B：「目前進展順利。昨天已經完成初稿，現在正修改中。我們都覺得這是目前為止最棒的企劃案，所以請您再給我們一點時間，明天前一定會完成。」

這是公司裡常見的上司和部屬間對話，聽起來好像沒什麼問題。不過要注意的是，部屬回答是否包含上司詢問的重點，以前面的例子來說，上司想知道的是企劃書完成時間點。

由此可見，職員沒有抓到回答問題的精髓。回答時，應以時間點為主，但該職員先說明進度，最後才道出時間點，在商業世界裡，時間就是金錢，不該說出不明確的時間，而應說清楚明天幾點。

我建議職員可以回答：「目前進展順利。明天下午四點能交。（昨天已經完成初稿，現在正修改中。我們都覺得這是目前為止最棒的企劃案，所以請您再給我們一點時間）。」

回答應以重點為主，所以要放在最前面，使上司能立刻得到想要的資訊。接著再補充其他內容，以該例子來說，就是括號中內容，可自行決定說不說，這樣說話才能條理分明，主張與焦點也更明確。

因此，在需要快速且效率的對話時，請將重點放在最前面。這種說話方式稱作「破題法」，俗稱開門見山法，指將重點直接說出來。在寫報告、論文、企劃書時，把想好的內容分成段落書寫，稱為段落寫作（paragraph writing）。一起來看下面例子：

「美國脫口秀主持人歐普拉．溫弗蕾（Oprah Winfrey）克服了無數逆境，成為世界級電視名人。她母親是個貧困的未婚媽媽，從事幫傭。而歐普拉在九歲時因被堂哥強暴，十四歲就成了未婚媽媽。直到二十多歲，她還沉迷於毒品，但後來卻逆襲成為脫口秀女王。她的節目《歐普拉．溫弗蕾秀》（*The Oprah Winfrey Show*）從一九八六年到二〇一一年為止，收視高達兩千多萬，並在全世界一百四十個國家播出，是美國電視史上收視率最高的脫口秀。」

上文重點在第一句。讀完第一句話，就能掌握整段文章想傳遞的內容，所以寫文章時應摘錄好重點，放在最前面。第二句則以具體事例來加強說明第一句。

說話時，也可以用開門見山法。當你開頭已明確說出重點，就不用擔心前面說了一大堆，而偏離主題，或讓對話變得又臭又長。

既然破題法這麼好用，為什麼大家卻不常用？首先，破題法需要練習，在日常生活或職場中，訓練自己在限定時間內說出重點。其次是自我主張太弱，要個性優柔寡斷的人果斷在開頭說出「我的想法是……」，非常不容易，所以難以利用破題法來表達重點。

不論和誰說話，在什麼場合，破題法都相當有效。就連有名演說家也一樣，人們會隨著他們是否使用破題法而給予不同評價。善用破題法，會給人一種已經整理好思緒，且能先揭示主題的能力。

2 先稱讚後主張

「我已經學會說重點的要領。但還是覺得很難在職場上運用，因為要考慮位階差異。就算我認為自己的意見正確，但如果和對方立場相反，就開不了口。因此我再怎麼想把重點說清楚，結果也是徒勞，反而只會招來反感。到底該怎麼做才好？」

雖然已經習得說重點的要領，但在職場上，光靠這個不足夠。尤其是上下關係中更是如此。就職員立場，難以違背上司的意思，但站在上位者角度，也多少要看部屬眼色。因此在職場中談話，絕不能只顧著表達重點。假設上司在開會時說：「大家應該都贊成這次提案吧？覺得提案如何？」

因為感受到周遭目光，所以看起來大多數人都贊成。假設現場只有自己反對，這時，就算使用第三章的「三段式話法」，或破題法等，也不會有任何效果。

如果你決定破釜沉舟表達反對意見：「我反對。基於以下三點，我反對這個案子。第一……第二……第三……所以我認為這個案子應該撤回。」

相信結果一定很糟。因為無論如何，職場都是組織社會，上下秩序分明。何況撇開職位高低不說，人類為情感動物，若無法得到認可會傷心，前面的話明顯會傷到對方。

在這裡我可以明白的告訴大家，沒人聽到那種話會開心。就算再怎麼心胸寬大的人，聽了還是會不悅。所以，陳述反對意見時，需要特殊技巧。在不傷害對方情感並顧及體面的情況下，表達反對意見。像上面例子可以換成：「您的意見非常好。但我有不同看法。我覺得這個案子應該要撤回，理由有三……。」

首先，用「YES同意」表現出尊重對方意見。接著提出「BUT但是」反對意見。這在心理學上稱為「初始效應」，指最先獲得的資訊會影響後續訊息，當我們與對方的意見相左，想提出自身看法時，可以先以YES來肯定對方獲取好感後，再說出BUT反對意見，對方較不會牴觸。

如果是業務，相信更常碰到這種情況。不管再怎麼親切、熱情的介紹商品，客戶就是不買單。假設他們說產品不好時，不需要和客戶爭辯自家商品多好，建議可以說：「原來您覺得我們家商品不好啊。但是您看這個說明書，這個商品……。」

處在壓力極大的面試場合也一樣，並不是每位面試官都很友善，有時他們會一副考試評比的模樣，挑三揀四說道：「學校成績這麼低啊……」、「我看你語言類都不太好……」，這時請你冷靜的使用YES-BUT話法：「是的，不過我……。」

所謂對話，有時會跟對方心有靈犀，有時則會遇到怎麼講都不通的人。當我們在陳述反對意見時，不管你用多美的詞彙、多好的口才包裝反對意見，幾乎所有聽者都不會開心。這時，記得先肯定對方後，再說明自己的意見即可。

3 缺乏自信時

前文提過三段式話法及三要說話法的重要性。現在要仔細說明「將話題整理成三點」。為什麼這麼神奇都是數字三？其實之中蘊含科學的祕密。

日常生活中，充斥以三來表達的概念、現象與對象。舉例來說，金銀銅牌、真善美、上中下、天地人、早中晚、過去現在未來、固體液體氣體、時間空間物質等，甚至拉丁語中有句話是「三組成的所有事物都最完美」。

因此，當我們想有邏輯的講述內容，不是採取兩段、四段或五段，而是三段論述。口語能傳達有效意思且最短的話術，也不是二字或四字，而是三個字。

同理，我們說話時，應將自己的想法整理成三點再說明，先揭示自己要說的內容有三。不論是什麼內容，都能將它整理成三種，因此又稱為「三的魔法」。其優點如下：

1. 擁有完整含義

不會過多也不會太少，剛好完美，簡直是黃金比例。

2. 具有安定的意義

將想要傳達的重點按照順序分成三段。尤其是緊張或缺乏自信時，分成三段能讓話者慢慢將重點講清楚。

3. 簡潔表達所想

以三個要點依序表達自己的想法，聽者能馬上理解，也能專注在你身上。

大家在日常生活中，一定有聽過演講、發表或報告時，覺得對方說話很有邏輯，很順利就聽懂了。這些情況，話者一定運用三的魔法，連世界級名演說家賈伯斯也不例外。他可以說是最擅長利用這個魔法的人，最具代表的是在他在史丹佛演講：

「很榮幸能參加世上最好大學之一的畢業典禮。老實說，我大學沒有畢業，今天應該是我離大學畢業最近的時刻了。今天我想告訴大家，我生命中的三個故事。就這樣，沒什麼，只是三個故事而已。」

第一個故事是關於「將點連接起來的故事」。在里德學院（按：Reed College，美國俄勒岡州波特蘭市西南的私立文理學院）待了六個月就放棄了。但不是真正放棄，而是以旁聽生在學校又待了十八個月。而當時為什麼他中斷學業……。

第二個故事關於「愛與失去」。他說自己運氣很好，年輕時就發現自己喜歡做的事，二十歲就和朋友史蒂夫．沃茲尼克（Stephen Wozniak，蘋果公司創始人之一）在父母家裡的車庫開始蘋果公司事業……。

第三個則關於「死亡」。十七歲時他曾在一本書中讀到一段話：「如果你把每天都當作人生的最後一天來過，總有一天會成功。」這句話令他印象深刻……。

賈伯斯開場就點明有三個故事，也就是整個主要內容包含三個重點。像這樣一開頭就說明內容，聽眾自然能很順的一個接著一個聽，而且他在每個故事的開頭就先將重點說出來，讓演說淺顯易懂，可想而知，聽眾的反應一定很熱烈。

想學會如何簡短且精準的表達？在正式說到自己的重點時，記得先說：「我要說的主要內容有三點……」，然後再將整理過的三個重點與大家分享。

4 說話、提案都會用的三段式話法

一般而言，想精簡傳達重點，最常被活用的話法就是使用緒論、本論與結論的三段式話法，這是人們非常習慣的說話結構。由於報告、企劃提案書、論文或論述都會使用，因此聽眾對於這個結構組成的內容接受度很高。

事實上，三段式話法不僅適用演講或提案等面對大眾的場合，職場或日常生活中亦能妙用。如果大家仔細分析名演說家或發表者的演講內容，就會發現他們都採用三段式話法。尤其在分秒必爭的面試與商務場合。

依結論位置先後，可將三段式話法分成三種類型，分別是「開頭先說結論型」、「後說結論型」以及「前後都說結論型」。

・開頭先說結論型

能讓聽者不致厭煩或分心，也可以馬上抓住聽眾的耳朵。先說出自己要表達的內容，接著提出佐證來支撐本論，最後再簡單以自身意見收尾。例如：「我基於下列三點反對這次的宣傳方案。第一……第二……第三……。」

・後說結論型

能有效傳達重要主張的說話方式。先在緒論增添趣味使聽眾產生興趣，本論時提出佐證來支撐自己的論點，最後才說明結論。這個說話方式的優點是因為聽眾不到最後，無法知道講者葫蘆裡賣什麼藥，所以能刺激聽眾的好奇心，促使他們認真聽下去。例如：「大家對這次的宣傳方法意見紛紛，在此說明我的看法。第一……第二……第三……因此，基於對公司形象的考量，我認為應該要撤回這次的宣傳方案。」

• 前後都說結論型

在緒論和結論都揭示重點。因為從開頭到最後都重複說明主張，因此能讓聽者印象深刻。例如：「我基於下列三點反對這次的宣傳方案。第一……第二……第三……因此，基於對公司形象的考量，我認為應該要撤回這次的宣傳方案。」

如果問我上述三個方式中，哪一個效果最佳，我會回答第三種。

因為該方式等於在前後各講一次自己的主張，所以當然能更有效傳達重點給聽眾。雖然第三種的效果最好，但沒必要執著於其中一種。而是根據場合靈活運用，選擇最有效且最適切的說話法。

5 我訊息溝通法，雙方更冷靜

與人交談時，情感管控非常重要。因為如果不能控制住情緒而突然失控暴怒，就再也無法和對方好好溝通，不僅無法將重點傳達給對方，也因為溝通不成，最後反而會將自己失控的原因歸咎於對方，找藉口為自己辯解，認為都是對方的錯。

先不管生氣的理由是什麼，從結果來看，當其中一方憤怒時，不管想說的內容是什麼，對方一定聽不進去。激動的語調反而會模糊言語焦點。

事實上，從睜眼到入睡，一天之內會遇到很多情緒激動的人，像媽媽拉高音量對孩子時、出門上班卻看到鄰居亂丟垃圾時，或看到同事偷懶不好好工作等。這些情形都是說話者希望聽者能改變行為。

媽媽希望孩子不要淘氣，我們希望鄰居不要偷偷把垃圾丟在自家門口，或希望同事做好份內工作不要影響他人。但若無法控制情緒，反而無法將重點傳達給對方。

因此，在情緒激動時，想要穩定下來並好好說話，就需要特別的祕訣——「我訊息溝通法」（I–Message）。這是由美國臨床心理學者托馬斯．戈登（Thomas Gordon）提出，用於解決父母與兒童的糾紛。根據托馬斯．戈登的說法，一般父母在面對令人發怒的兒童言行時，常會說道：「你如果繼續在咖啡廳裡吵鬧，就會被我修理。」而這卻是「你訊息溝通法」（You–Message），只能表達情緒，對改變行動沒有任何幫助。

因此我會建議父母將句中的主詞「你」轉化成「我」，變成我訊息溝通法：「我真的很傷心，因為你在咖啡廳吵鬧，造成其他人不便。媽媽覺得對他們很不好意思。可以請你聽媽媽的話嗎？」

這樣轉換說話方式，孩子不會反駁媽媽，且能理解媽媽的心情，進而做出行為改變。我訊息溝通法是基於尊重對方，因此能在不傷害對方情感下傳達訊息。

我訊息溝通法的結構為：說出對方的問題行為↓說出該行為對自己的影響↓說出自身情感

以職場的對話為例。一般上司指責部屬遲到時，經常使用你訊息溝通法說：「你為什麼總是遲到！你這樣能把工作做好嗎？」上司真正想傳達的訊息是不要遲到。但如果用這種方式說，對於改變職員的行為沒有任何幫助。職員只會覺得受傷，甚至反感而已。因此建議改成我訊息溝通法：「我觀察很久了，你這週一直遲到。所以我很擔心你是否能好好完成工作，老實說我的心情不怎麼好。」

這樣說的話，職員能理解上司的心情，也能促使自己下定決心不再遲到。善用我訊息溝通法，能有效傳達溝通重點，免於白生氣。

在對話時，很常會遇到情緒高昂、意見分歧或遭受責備等情況。這時如果急著宣洩情緒，反而會讓對話重點失焦。越是情緒激動時，越應使用我訊息溝通法，秉持尊重對方的心，言簡意賅的傳達重點。

6 不說「去做」，說「你已經……」

在職場中，上司常需要對職員下達指令。在各種不同的業務領域中，時時刻刻都有事物在交辦。而指令就是上司要部屬執行具體事務並完成目標。指令要下得好，業務才能迅速推進且獲得最佳成果。我們常在職場中聽見以下指令：

「銷售成績提高了五〇％，這次我們的公司……。」

「上班時要專注工作，這是客戶投資的錢，你們這樣……。」

「這個專案要快點執行，這次專案的重要性……。」

下指令也是一門學問，如果**隨意下指令或一副沒信心的樣子**，就**容易產生負作用**。例如用強硬的口氣命令，會讓聽者心生抗拒；過於畏縮，職員不會乖乖遵從指令。因此，若無法準確下達指令，很多時候都會無法奏效。

怎樣才能傳達真心，又不招致職員反感？我們可以從美國南加州大學（University of Southern California）教授約瑟夫．鈕恩斯（Joseph Nunes）和加州大學洛杉磯分校（University of California, Los Angeles）教授澤維爾．德雷茲（Xavier Dréze）提出的「人為推進效應」（Endowed progress effect）得知。該理論指當我們距離目標越近時，完成目標的動力越強。

兩位教授在洗車場做了一個有趣的研究。將顧客分成兩組並給予他們優惠券，告訴他們只要集滿八個章就能獲得一次免費洗車。優惠券如下：A組的優惠券有十格，但其中兩格已經蓋章、B組的優惠券為八格，都是空的。

其實A和B組的優惠券一樣，都需要來洗八次才能換一次免費洗車。但結果卻大不相同，A組拿著優惠券來洗車蓋章的人，竟比B組多出八二%。這是因為比起沒有任何進度的白紙，人們對已接近目標的事情較能產生動力。

因此，下達指令時，不建議直白要求職員該做什麼。對於尚未開始的事情，光對職員說「去做……」或「你難道不應該……嗎？」很難看到成效。

如果想讓指令達到效果，在下指令時最好能說明這件事情之前的情況。例如上司想讓職員提高業績，請不要急著訓斥，也不要長篇大論說些不實際的東西。只要強調「你們已經做得很好」就可以了：

「現在銷售成績越來越好了。大家一起繼續努力朝著我們的目標五〇%前進！」

假設主管因為職員在上班時間摸魚而困擾，想讓該職員上班時專注在工作，可以說：「你做得不錯，希望你能繼續努力不懈有更好的表現。」

主管希望部屬能盡快推進某專案時，可以運用下列說法來鼓舞他們。部屬聽了會像看到成功果實般，更積極、有動力執行：「專案很順利！我相信你會做得很好。」、「現在銷售成績越來越好了。」、「你做得很棒。」

簡單來說，只要說一句「你已經……了。」就能有效下達指令。你現在已經做得很好了！

7 假設太多，模糊焦點

有一個國外醫療品牌的銷售業績非常驚人，但他本身專業和醫療完全無關。我覺得他一定有與眾不同的祕訣，因此相約和他見面。見面後，發現他的外表和其他銷售員沒有什麼不一樣，甚至說話語氣或禮儀也並無不同。

我實在太好奇，於是請教他創下銷售佳績的祕訣，他這麼回答：「其實我沒有比其他銷售員會說話，只是努力徹底了解產品。客戶幾乎都是醫生，要讓他們信任我，一定得熟知產品的所有訊息。為了能確實了解產品訊息與相關知識，我會讀醫學論文或上外國醫學網站找資料。這樣一來我才能**全方位了解產品，介紹時用精簡的話準確表達重點**。」

我聽後忍不住拍了大腿。原來他的成功祕訣是對話內容足夠專業！各行各業都有銷售員，但其中最特別的領域應該就是外國醫療器材商，因為銷售員幾乎沒有醫療背景，也不可能像醫生一樣熟悉醫學知識。但這個業務卻努力克服這點，全面掌握自家商品資訊。

難怪他能簡單幾句就把產品介紹清楚。如果是不像他這麼了解商品的銷售員，又會如何表現？勉強背下似懂非懂的專有名詞，站在顧客面前恐怕也不知道自己在說什麼。所以，客戶肯定不會為那些不了解產品的銷售員打開錢包。

讀書抑是如此。假設學習歷史，一開始沒能好好掌握重點，只是東背一點、西記一點，將這些資訊雜亂的塞進腦中。這時若需要教別人，就會顯得驚慌失措。如果循序漸進的學習，就能慢慢掌握核心脈絡。這樣在教別人時，也能條理分明的講述。

心理學中有個詞稱作「簡單的法則」（Law of Simplicity），指人們在看待事物本質時，偏向以簡單的方式來思考的心理現象。這與出生在英國小村莊奧坎心理學者威廉（William of Occam）提出的「奧坎的剃刀」（Occam's Razo）相似，指假設最少的解釋，往往最接近真理，意即對某些事實或現象的說明，越簡單反而越可能是真相，強調在設定因果關係時，應減少不必要的假設。

假如隔壁的披薩店生意很好，有可能因為他們用天然起司，而且老闆長得很帥。但這個假設的真實性有多高？各自有成立與不成立的可能，會因此模糊焦點，讓我們無法得知披薩店生意好的真實原因。所以在進行假設時，最好一次只針對一個項目：「隔壁披薩店生意很好的原因，是披薩好吃。」

像剃刀一樣果斷去除非必要假設，才能最接近真相，大幅降低誤判的可能。於是威廉以自己的出生地，將這個法則命名為「奧坎的剃刀」。

因此，說話者向他人說明時要格外注意，如果不具備完整的專業知識，就很容易說得模棱兩可。但若熟知，反而能言簡意賅的說明清楚。基於簡單的原則，聽者也能馬上聽懂，較能有效傳達。

《教育大未來》（*21st Century Skills*）的作者柏尼・崔林（Bernie Trilling）說：「若無正確的理解為背景支持，簡潔對談不過流於空談，需有深切的背景知識，才能達到真正的簡短而精準的表達。」

8 面對不肯敞開心扉的人

在職場上，我們說話的目的，就是為了從對方身上得到自己想要的東西。例如：業務與顧客說話的重點是銷售商品，企業間提案者的說話重點也在販售商品或簽下合約，與上司或同事開會以及報告也是如此。

在商務場合中，說話重點要明確，因此要盡可能刪減與重點不相關的內容。只有這樣，我們說的話才能像一把利劍直指核心，達成目的或賣出產品，贏得聽眾的心。

以業務來說，說話的重點是「購買我介紹的商品」；對提案者來說，是「和我們簽約」；上班族則是「如我所願」。如果聽者能答應我們所求，就表示對方明確接收到言語中的重點。

這時，如何有效整理重點訊息非常重要。必須簡潔有力，才能得到想要的，但光這樣不夠，有位汽車銷售業務說：「不管我再怎麼口沫橫飛，說得再清楚，有些客戶都不肯點頭。遇到這種情況，到底該怎麼辦？」

這世界上，一定會有不管怎樣都不肯買單的客戶，無論你傳達什麼重點都無法打動他。這時，不妨善用「催眠療法」，雖然名稱裡有催眠二字，但和大家理解的催眠不同。這裡指一種當我們投入某事中，對外界沒有反應的狀態。就像我們專心看足球比賽時，聽不見手機鈴聲，還有沉迷於小說時，聽不到家人喊吃飯的聲音，這兩個情況就是這裡說的陷入催眠狀態。

「遇到銅牆鐵壁般無法打動的客戶，或絕不改變心意的對手時，最好的做法是使他們進入催眠狀態。只要活用心理學中『YES的三次法則』就可以。」也就是誘導對方說三次YES之後，再丟出自己的提案來得到下一個YES。連續問對方三個日常生活問題，得到肯定回答後，這時對方就已經陷入催眠狀態中，最後再將重點說清楚，對方就會不由自主的說YES（譯按：該理論來自神經語言程式學，藉由回答YES來讓大腦產生慣性）。

第一個YES：「今天天氣很熱，對吧？」

「對啊，超熱的。」

第二個YES：「你這假期有好好休息吧？」

「對啊，在鄉下好好的放鬆了。」

第三個YES：「放假之後再來上班，感覺很累吧？」

「對啊，休息了一個禮拜，回來上班後，總感覺有些事情處理起來不太順利。」

最後講出目的：「這次我們推行一個新的專案，你想看看嗎？」

實行這個法則，重點是讓對方在第一、第二和第三個問題都回答YES，就會進入一種類似催眠的狀態。這時再丟出主要問題，對方就會不由自主說出我們想要的答案。

「您有購買這個產品的意願嗎？」

「您滿意這個合約吧？」

「您覺得我剛剛說的內容如何？」

成功的關鍵在對方連續回答三次YES後，最後才說出重點提問。

下次遇到嚴防死守無法攻克的對象，不妨試試這個方法。

9

開放式提問，助你找出答案

經常有夫妻、上班族、業務、學校老師等各行各業因對話問題來找我諮商，我也為了給他們最適切的解決方法而苦惱。因為要符合每個人的情況提供解決方式，就像肚子痛要吃腸胃藥，頭痛吃頭痛藥，解決溝通問題，也需要對症下藥。

醫生聽完患者陳述後，透過診察，馬上能掌握病情，並開立處方箋。處方箋上的內容都相當明確，不會含糊不清，上面只會有治療該病症的藥物或緩解方法。

我身為溝通專家也一樣，根據來諮商的人的問題，給出適切解方。但就溝通而言，依說話者的心理因素、情感以及環境等變因非常多，所以難以提供一個百分百正確的解決方法，但我還是致力於幫助每個來尋求溝通問題的人，尋找適當的方案。

為此，我最常使用的技巧，就是使用開放式提問。開放式與封閉式提問相比，能明顯知道差異。封閉式提問指答案為是或不是，而開放式提問能讓聽者自由思考，依自己想法回答。封閉式提問如：「妳老公是不是有什麼事情讓你不滿意？」、「你是不是會自顧自說話，根本不管對方說了什麼？」

而開放式提問能得到更多受訪者的資訊，他們不被限制在框架中，隨心所欲做出答覆，所以會透露更多訊息。我們可以從中找出受訪者自己也不曾注意到的蛛絲馬跡，如：「妳覺得妳和老公溝通不良的原因是什麼？」、「能說說你覺得溝通不良的情況嗎？對象是誰？什麼時候？在什麼場合？」

開放式提問會包含誰、何時、何地、如何與為什麼。盡可能讓他們不受制於任何形式，思考後表達想法、感情與意見等。在這個過程中，解決問題的關鍵會自然而然浮現。所以使用開放式提問時，千萬不要誘導受訪者往特定方向思考，也不能灌輸特定思路，這樣才能得到豐富的訊息，不至於像封閉式提問般只能獲得有限線索。

開放式提問很適合用在向對方傳達重點以達成自身心願，由於封閉式提問能取得的資訊有限，所以我建議使用開放式提問以掌握更多訊息，了解對方後再根據情況解決問題。舉個例子：

若面對客戶封閉提問：

「您要購買這個商品嗎？」

「加上這個條件就可以？」

不如轉化成開放式提問，才能取得更多資訊：

「您在找什麼商品呢？」

「加上這個條件，您覺得如何？」

第 6 章

最該避免的對話習慣

1 閒聊，也要掌握分寸

很會閒聊的人，身邊總是會圍繞著許多朋友。因為閒聊可以毫無負擔的當趣味聽聽，作為人際關係的潤滑油；而不會閒聊的人，較大機率人緣不好，因為和他們說話總會覺得氣氛沉悶、生硬尷尬。因此在對話中加入適度閒聊，反而能增添言語趣味性，一般約三十分鐘就能不知不覺使人與人之間變得親近。

英國生物人類學家羅賓・鄧巴（Robin Dunbar）主張，人類語言進化來自能增進親密感的閒聊。靈長類（按：哺乳類脊椎動物）花大量時間為同伴梳理毛髮來增加凝聚力，但人類沒有靈長類那麼多遍布全身的毛髮可以相互梳理，因此才以閒聊取代。閒聊沒有任何目的，只是隨意交談，透過該行動增進彼此的親密感。羅賓認為建立越多社會關係才是進化的人類，他認為：「閒聊不是浪費時間」。

我身為溝通專家，也認同閒聊的重要性，並將它視為對話的開胃菜。所以，我經常對業務員或與部屬產生矛盾的主管說：「肩膀放鬆，先從閒聊開始！這樣才能不知不覺間親近對方，之後再說想說的話也不遲。」

此外，閒聊的時間點也很重要，就像好的武器要在對的時間、用對地方才能發揮效用。如果忘了這點，打開話匣子就停不下來，反而可能會被暗指講話沒重點。

將閒聊弄巧成拙的情況有二，分別是閒聊太久以及在不該閒聊的時間聊。

先來分享一個因閒聊太久而引發不良後果的例子。我常去某家百貨公司，櫃檯人員都接受過系統且專業的教育訓練，知道如何應對客戶。不論穿著還是說話語調都挑不出一絲錯誤，職員深知與顧客閒聊能卸下顧客心防，所以善用這個技巧讓他們駐足並聆聽。

但是，有間家電專櫃的中年女職員，最大詬病就是閒聊太久。她滿臉笑意，為人相當圓融，但只要打開嘴巴就停不下來，不動產政策、時尚、連續劇、電影及社會時事……這些跟販賣商品毫不相關的事都能聊不停。

「您買了公寓，那應該知道政府新推出的房地產政策吧？啊……你這件衣服是什麼牌子？看起來很不錯耶……是最近韓國女演員金南珠上電視節目穿的那件吧？對了，你知道最近這附近有棟大樓發生火災嗎？」

顧客本來很喜歡該職員的親切口吻，所以不知不覺聽她說了很久。但只要經歷過一次，之後一定會想辦法避開她。沒人有時間一直聽職員閒聊，何況內容沒有重點，只是浪費時間講一堆無關商品的話，怎能不令人惱怒？《論語》有言，過猶不及，指做事太過就等於不夠。三十秒內就該結束的閒聊，因被無限延長，而造成反效果。

接下來要解說在不適當情況下的閒聊。

在分秒必爭的商務現場，大家都需要用最短時間來完成對話，有些情況是客戶忙到沒時間或沒有意願閒聊。最具代表的例子就是「電梯簡報」（elevator pitch），指好萊塢的導演為了爭取投資，利用搭電梯的三十秒至一分鐘向對方快速傳達電影重點及自我介紹，抓住投資人的心。如果無視這個行規，長篇大論的介紹作品，反而可能會得不到任何一分投資。

「我畢業於有名的電影製作學校。師從美國電影導演史蒂芬．史匹柏（Steven Spielberg）。我非常尊敬史匹柏導演，我最感興趣的作品是《E. T. 外星人》（*E.T. the Extra–Terrestrial*）、《世界大戰》（*War of the Worlds*）這類型的科幻電影。雖然最近電影產業不景氣，但這次我一定……。」

閒聊能拉近彼此距離，並展開更進一步對話，但若不能掌握分寸，反而會深受其害，讓對方誤會你不知輕重、多嘴多舌。因此閒聊一定要適當，只在必要情況，只聊重點部分。

2 語焉不詳什麼都想要

一名大學生為企業發表審查時說道：「這次的企劃新品是針對二十多歲的年輕族群，希望尚不具備經濟力、內心徬徨不安的年輕人都能從這個商品得到安慰。不僅如此，我認為這個產品對於經濟寬裕的壯年與老年族群也十分有吸引力，能喚醒他們的青春回憶。因此……。」

乍聽之下，感覺客群很廣，具備目標市場。一個商品可以同時賣給二十歲的年輕人，還能賣給四十歲的客戶，這是多棒的事情！但這不過只是錯覺。

市場機制沒這麼簡單，二十歲就是二十歲，四十歲就是四十歲，客層明確才能針對目標群，企劃出符合他們需求的商品，進而爭取一席之地。若非如此，二十歲的年輕人會覺得「這個商品與我無關」，而四十歲客群會認為「這是為年輕人推出的產品。」行銷策略就像男子求愛，應準確設定目標，火力全開追求一個人。如果搖擺不定，同時想獲得兩位女性芳心，到最後只會得不償失。

因此，該大學生應確定自己的目標族群，再根據該族群屬性來企劃產品，如此才能獲得好結果。這樣發表時，言語才有力量，對聽者來說，也才具有說服力。

若希望說的話能助自己心想事成，明確表達立場非常重要。魚與熊掌不可兼得，想要魚還是熊掌，必須確實說清楚。當你語焉不詳同時什麼都想要，話語便失去力量。如果不能清楚說明自己想要什麼，聽者也會搞不清楚狀況。

大家不妨注意聽身邊的人說話，就會發現很多人不會明確說清楚自己究竟想要什麼，有時聽起來甚至像有選擇障礙。在職場上，很多職員因顧慮上司的顏面說：「雖然這次我的立場和組長不同，但我還是認為組長說的很有道理。所以……。」

在課堂發表時，學生會說：「我認為該畫家的作品，詳實表達對這個世界的否定想法，不過，其實我們還是能從中窺見一點正面的看法……。」

社區住戶開會討論流浪貓問題時，說：「身為一個愛動物的人，我認為應該供給流浪貓飼料。這才是尊重生命……但流浪貓吵鬧及咬垃圾的確也是問題，因此贊成用比較嚴厲的措施驅趕流浪貓。」

上述發表意見，會讓聽者搞不清楚話者的立場，而且也能發覺內容沒有重點，反而牽扯些有的沒的。所以聽眾會一頭霧水，搞不清楚對方究竟想要什麼。

想讓對方一聽就懂，話者要表明YES或NO，請記住下列兩點：

1. 撇除否定意見會讓對方覺得丟臉的假想。表達不同意見絕對不是侮辱對方，我們只是在陳述自己的意見。
2. 擁有果斷表達立場的決斷力。如果心中還在YES或NO之間游移不定，果斷選擇偏好的一方，並不帶任何留戀拋棄另一個想法，因為這樣才能讓對方明確知道我們要什麼，進而得到想要的。

3

老是離題

職員：「您今天好時尚！」

上司：「是嗎？有那麼好看？」

職員：「對呀！說起來今天的會議幾點開始呢？」

以上對話是不是很熟悉。乍聽之下好像沒什麼問題，但其實這個對話有很大的錯誤。職員用時尚話題開頭與上司說話，所以上司延續話題提出疑問。到這裡為止都很順，因為對話主題一致。

但職員最後一句卻牛頭不對馬嘴，聽者順著話問了時尚問題，他卻突然提及會議時間，這樣就無法好好的完成對話，等於溝通中斷，而且聽者一定也會覺得詫異。在對話中，職員應延續自己打開的話題，他不僅沒有做到，還答非所問。

像這樣脫離原本的重點說一些不相關的話，就是離題、答非所問。離題在日常中自我介紹、報告或討論等對話中很常見，就連電視購物導購員也常犯這種錯誤。讓我們來看看下面例子：

「這個空氣清淨機最厲害的，就是它的核心技術，連最小的霧霾也能吸附清除。最近家庭主婦最關心的問題就是霧霾。它被人體吸收，累積在體內會造成各種疾病，而且根據氣象報告指出最近霧霾嚴重的日子很多，真令人擔心！希望政府能積極推出政策解決霧霾問題，守護國民健康。還好最近聽說政府開始關注這個問題，並商討對策了。」

在這段對話中，導購員應該強調「這個空氣清淨機最厲害的，就是它的核心技術，連最小的霧霾也能吸附清除。」因此接下來應該根據這個核心技術來延續話題，但導購員卻接著話尾開始講起霧霾問題，尤其最後兩句已經嚴重偏離話題。

「希望政府能積極推出政策解決霧霾問題，守護國民健康。還好最近聽說政府開始關注這個問題，並商討對策了。」這一段話完全沒必要，可以果斷刪除。因為這兩句話跟一開始強調的內容無關。前面導購員很順利引導空氣清淨機的話題，但卻因為最後兩句，將話題帶到完全不相關的地方，簡直離題十萬八千里。

日常生活對話亦是如此。我們常在自己想說的重點內添加很多無關的事，例如：

「我最近工作壓力很大，所以又開始抽菸了，這種百害而無一利的香菸，真不知道政府為什麼不禁止？害了許多人的健康。我認為香菸這種東西就應該被銷毀！」

這句話的重點是「因工作壓力大而開始抽菸」，所以應延續這個話題繼續說明，但最後卻離題了。

乍聽之下，可能會覺得離題反而顯得談論內容豐富，說話者滔滔不絕、很會講話，但只要仔細思考，就能察覺其內容缺乏邏輯。

如果希望能得償所願，記得一定要在開口前，想想自己要說的重點是什麼，在心中梳理後，順著話題講，千萬不要離題！

4 解釋和炫耀，對話兩大忌

韓國有一個流行語叫「TMI」（Too Much Information），指資訊量太大，也就是太多非必要資訊。日常生活對話裡，很多人會無意識說出TMI，講些對方不曾提問也並不想知道的事情。也因此對話變得無趣，有時甚至會讓人感到厭煩。

而這樣在話中一直穿插無關緊要的話語，只會模糊對話重點。這時，大家可能會疑惑，什麼是無關緊要的話？兩種代表例子如下：

1. 解釋

習慣解釋的人，最常說的就是「大家可能會覺得……」、「其實……」、「雖然……」。大家要特別注意，千萬別誤以為這種表達是謙虛，其實都不必要。不論對方問什麼或自己說了什麼，這些人都要這樣回答才覺得安心。

例如，公司老闆詢問專案進度，習慣解釋的組長會這樣回答：「最近我們小組氣氛不太好，組員間有些矛盾，還有組員離職。因此大家可能會覺得這個專案進行不順利，但其實我們做得很好，都有按照預定進度在走……。」

老闆只想知道專案是否正在好好推進，組長只要一句話簡短回答即可，而前面那些冗長的前情提要根本不需要。當組長用這種方式回話時，老闆心中會這麼想：「會不會說話啊？看來他對這次專案沒什麼信心。」

業務也一樣，介紹商品時應該簡單明瞭。有些人擔心光介紹產品拖不了太長時間，因此在開頭加一些聽起來像在解釋的話：「因為我從事業務不到一個星期，還有很多不足的地方，但我還是會認真介紹商品……。」

當業務這樣解釋時，顧客的表情會變得興致缺缺，且無心專注聽你說話。所以不管再怎麼介紹，都很難打動客戶的心。

2. 炫耀

喜歡炫耀的人經常說「我之前……」、「那個時候我……」、「我自己也是……」、「我家小孩」。對話時有兩種情況，在開頭先炫耀自己，以及將話題巧妙的引導到炫耀自己上。

第一種情況是只要開口就習慣稱讚自己，好像不稱讚自己就不知道怎麼開啟話題。這類人在公司討論行銷方案會議上會這樣說：「今天要討論行銷方案，所以我忍不住跟大家分享，我之前是美國東部常春藤的ＭＢＡ（按：企業管理碩士），當時我聽過諾貝爾經濟學得主理察．塞勒（Richard H. Thaler）的課，就是那個以《推力》（*Nudge*）一書而聞名的學者……。」

第二種則順著對話脈絡，找到時機就誇耀自己。假設朋友問一起討論電影《波西米亞狂想曲》（*Bohemian Rhapsody*），他會這樣誇耀自己：「我之前就說過那部電影很好看。而且一定要去電影院看，尤其在影廳的杜比全景聲環繞下，英國搖滾樂皇后樂團（Queen）的歌聽起來簡直棒呆了。其中那首代表曲《波西米亞狂想曲》超有創意，本來是實驗性創作，沒想到最後竟大獲成功，還好創作者不斷堅持……我自己也是，不喜歡追逐潮流，熱衷於創作新類型的音樂。雖然大家聽我的音樂，可能會覺得太前衛，但我相信總有一天，我的音樂也會廣受大家喜愛。」

解釋和炫耀在對話中，只會妨礙對方真正聽懂重點。若你希望大家覺得你言之有物，就果斷刪除解釋和炫耀。話雖簡單，但只要能精準傳達意思，就是一百分的對話。

國家圖書館出版品預行編目（CIP）資料

說話的實力：長篇大論適得其反，達成目的，必須掌握省話三要。／吳秀香著；張鈺琦譯.
-- 初版. -- 臺北市：大是文化有限公司, 2025.04
256頁；14.8×21公分. --（Think；290）
譯自：원하는 것을 얻는 사람은 3마디로 말한다
ISBN 978-626-7648-12-4（平裝）

1. CST：溝通技巧　2. CST：說話藝術

177.1　　114000300

Think 290

說話的實力

長篇大論適得其反，達成目的，必須掌握省話三要。

作　　者｜吳秀香
譯　　者｜張鈺琦
責任編輯｜林渝晴
校對編輯｜陳映融
副 主 編｜陳竑悳
副總編輯｜顏惠君
總 編 輯｜吳依瑋
發 行 人｜徐仲秋
會 計 部｜主辦會計／許鳳雪、助理／李秀娟
版 權 部｜經理／郝麗珍、主任／劉宗德
行銷業務部｜業務經理／留婉茹、專員／馬絮盈、助理／連玉
行銷企劃／黃于晴、美術設計／林祐豐
行銷、業務與網路書店總監｜林裕安
總 經 理｜陳絜吾

出 版 者｜大是文化有限公司
臺北市100衡陽路7號8樓
編輯部電話：（02）23757911
購書相關資訊請洽：（02）23757911　分機122
24小時讀者服務傳真：（02）23756999
讀者服務E-mail：dscsms28@gmail.com
郵政劃撥帳號：19983366　戶名：大是文化有限公司

香港發行｜豐達出版發行有限公司　Rich Publishing & Distribut Ltd
香港柴灣永泰道70號柴灣工業城第2期1805室
Unit 1805, Ph. 2, Chai Wan Ind City, 70 Wing Tai Rd, Chai Wan, Hong Kong
電話：21726513　傳真：21724355
E-mail：cary@subseasy.com.hk

封面設計｜林雯瑛
內頁排版｜黃淑華
印　　刷｜緯峰印刷股份有限公司

出版日期｜2025年4月　初版
ISBN｜978-626-7648-12-4
電子書ISBN｜9786267648070（PDF）
9786267648087（EPUB）

Printed in Taiwan
定價／新臺幣399元
（缺頁或裝訂錯誤的書，請寄回更換）